풀밭 위의 빗물처럼

풀밭 위의 빗물처럼

박종선

| 책 머리에 |

    이 세상을 살아가면서 가정과 우정 안에서, 연인 또는 부부 사랑 안에서, 각 공동체 안에서, 사랑의 봉사와 연대 안에서 등 저마다의 길에서 사랑을 만나지 못하면 우리 인생은 무의미와 권태, 곤경과 나락에 떨어지게 되어 있다. 따라서 사회, 활동단체 안에서 부름을 받아 활동하는 사람이 각자의 책무를 다하고 우아하고 거룩해지려면 사랑하는 마음이 밑바닥에 자리 잡고 있어야 한다.
    인간은 사랑 없이 살 수 없다. 인간이 사랑을 만나지 못할 때, 사랑을 체험하고 자기 것으로 삼지 못할 때 인간은 자기에게도 이해할 수 없는 존재로 남게 되며 그의 생은 무의미하다고 한다.
    사랑하기 위해서는 먼저 믿음이 앞서야 한다. 왜냐하면 믿음은 행동하는 사랑이고, 행동하는 사랑은 섬김이기 때문이다. 그러므로 누군가가 참으로 어려워서 몸을 의탁하고 싶을 때 절로 마음에 떠오르는 사람이 되어야 그런 삶을 참으로 행복하다고 할 수 있다.
    우리의 삶에는 두 차례의 중요한 순간이 있다. 그것은 탄생과 죽음이다. 즉 시작된 지상의 삶(탄생)과 영원으로 향하는 시간의 문턱을 넘어섬으로써 마치는 삶(죽음)이다. 이 마지막 순간에는 언제나 강렬하게 응축된 특별한 인간의 감정이 뒤따른다.
    패망한 자유 월남의 격언에 '탄생은 하나의 순례'이고, '죽음은 집으로 돌아가는 길'이라고 한다. 우리 인간은 이 두 개의 명제 가운데 하나를 선택해야 하는 birth(탄생)와 Death(죽음) 즉 B와 D 사이의 C(chance 또는 challenge)가 인간사라는 것이다.

사람은 자신감과 함께 젊어지고 두려움과 함께 늙어 간다. 즉 사람은 희망이 있으면 젊어지고 절망이 있으면 늙는다. 그러므로 사람은 항상 처해 있는 현실 상황을 올바로 인식해야 한다.

인생은 누구나 나 홀로 걸어갈 수밖에 없는 외로운 길에서 누군가와 동행 할 사람이 있다는 것은 큰 축복이다. 그것은 힘들 때 기댈 수 있고, 아플 때 위로하고, 어려울 때 큰 힘이 되어줄 수 있기에 '네가 가는 길이 또 내가 가는 길임'을 명심하고 이 동행의 순간들을 잘 관리하면서 살아가야 한다.

나는 첫 번째 책으로 『기쁨의 곡식단을 거두는 마음』, 두 번째 『마음의 문을 여는 손잡이』, 세 번째 『나를 사랑 해』에 이어 네 번째 책은 『풀밭 위의 빗물처럼』으로 아내 권근애(루시아)와 혼인 (1975.6.1.) 50주년을 맞이하여 내가 체험한 것들을 기억하고 술회하면서 살아온 인생의 여정을 정리, 반추해 생의 귀감龜鑑으로 삼고자 우리나라 기상관측 사상 2024년 가장 혹독한 여름의 무더위를 극복하고 쓴 책이다.

2025년 6월
隱松 박종선 마티아

| 목차 |

책 머리에 - 4

제1부
제1장 충만한 군인 정신. 장교 정신 - 12
1. 내 삶의 자리에 불가능은 없다 - 12
2. 내 삶은 올바른 군인 정신에 기초 - 16

제2장 회상록 속, 호국 간성干城의 그림자 - 17
1. 나주 디딜 강의 아련한 추억 - 17
2. 육군 보병학교 훈련 중 꽃 단독의 아픔 - 18
3. 처음이자 마지막 면회의 아쉬움 - 19
4. 군에서 맞이한 성탄절과 신년맞이 회상 - 20
5. 1969. 1970년 일기 수첩에 남겨진 토막글 모음 - 22

제3장 GP 장 임무 수행 일화 - 31
1. 최전방 GP 생활, 눈에 보이는 산삼과 노루! - 31
2. 국토의 '섬' GP 생활의 명암 - 34
3. 506 GP의 봄 향기 - 48
4. 505 GP와 506 GP에서 맞이한 겨울 풍광 - 50

제2부

제1장 고향의 향수 어린 서사시 - 54
  1. 세월 따라 물 따라 욕망도 사라지리 - 54
  2. 내 고향 마을의 수호신, 우뚝 선 '큰 말랭이' - 62
  3. 섬진강아, 고리봉아 말 좀 해 보렴! - 66

제2장 친구는 또 하나의 인생이다 - 71
  1. 소꿉쟁이 친구와 초. 중. 고등학교 시절의 친구 이야기 - 72
  2. 중1 담임 선생님(98세 생존)의 저서 전북대 도서관에 기증 - 76
  3. 대학 시절, 친구 이야기 - 81
  4. 땅을 함께 매입한 친구 이야기 - 84
  5. 사회생활에서 만난 친구 이야기 - 87

제3장 단상斷想 - 92
  1. 고슴도치 섬 위도 탐방 - 92
  2. 내가 반한 소리 - 97
  3. 우리 국군의 소중함을 알자 - 101
  4. 민족분단의 恨이 서린 철의 삼각지, DMZ 탐방기 - 108
  5. 우리나라 의술醫術, 내 느낌의 명암明暗 - 117

6. 기적이 따로 있나 - 122
7. 아늑하고 오묘한 건지산, 전주천 변 산책길 - 127
8. 일생을 기도하는 마음으로 살자 - 131
9. 이런 여행 또 있을까 - 134
10. 청개구리 띠 마음은 변할 수 없나 - 137
11. 한 세대, 뒤안길의 허무함 - 139
12. 태평양의 진주, 필리핀 세부 여행기旅行記 - 144
13. 우리 '원' 직원으로서의 긍지와 보람의 삶 - 151
14. 아! 세상이, 우리나라 국민이 왜 이래 - 158
15. 대자 부부와 '꿈길 여행'의 기쁨 - 167
16. 제주 올레길, 각 지역 둘레길 트레킹 일화들 - 171
    추억의 해제 반도 앞, 임자도 트레킹 이야기 - 171
    중국 태산 트레킹 이야기 - 172
    충남 서해안 해변 둘레길, 트레커의 좌절 체험 - 175
    제주 올레길 및 기타 둘레길 이야기 - 176
    진안 고원길 트레킹 이야기 - 178
    전북 서해랑 길 41코스 트레킹 이야기 - 180
    충북 영동 양산팔경, 금강 둘레 길 트레킹 이야기 - 182

제3부

기고 글 모음 - 186

  1. 말씀을 간직하고 실천하는 믿음 - 186

  2. 입으로 고백한 믿음, 오롯이 삶을 통해 실천하자 - 188

  3. 하느님의 세미細美한 음성을 듣는 믿음 - 190

  4. 하느님 사랑의 실천 전도사를 맞이하는 '나'가 되자 - 192

  5. 우리 삶 안의 '각오 遺傳子'를 찾아 나서자 - 196

  6. 하얀 어둠 속에서도 우리를 인도하시는 주님을 따르자 - 198

  7. 우리 안에 그리스도가 형성되기까지 복음의 씨앗을 심자! - 200

  8. 그리스도교 운동의 '일치'를 위해 한 알의 밀알이 되자! - 202

  9. 교회는 마리아와 마르타 모두 필요하다 - 204

 10. 신앙의 열정에 마침표가 있어서는 안 된다 - 207

 11. 그리스도인은 언제나 기쁨으로 충만해야 한다 - 209

 12. 인간의 잣대로 하느님의 잣대를 재단해서는 안 된다 - 211

 13. 우리 그리스도인은 '황금 귀'와 '황금 입'을 가져야 한다 - 214

 14. 주님이 지르시는 불에 '몸과 마음을 모두 불태우는 믿음'이 필요하다 - 216

간직하고 싶은 추억들 - 219

제 1 부

제1장 충만한 군인 정신. 장교 정신

1. 내 삶의 자리에 불가능은 없다

나는 고교 졸업 무렵 공군사관학교를 지원하였으나 불합격된 이래 집안 형편상 도저히 대학 진학을 할 수 없다고 판단, 졸업 후 1965년 3월 말경 육군 간부후보생에 지원할 요량으로 무작정 놀고 있었다.

그런데 당시 전국적으로 눈이 많이 내려 대학 입학 지원서 접수가 3일간 연장되는 틈을 이용해 가까스로 전북대학교 법정대학 법학과에 응시하고 벼락치기 공부로 입학시험은 치렀으나 합격은 기대하기 어려웠다.

합격자 발표에 내 이름이 있었고, 학교 측에 확인해 보니 법학과 정원 20명 중 4위로 장학생 5명에 선발된 이래 대학 3학년 때부터 군사 훈련을 받으면서도 대학 4년간(총 8학기) 줄곧 장학생을 유지했다. 특히 군사학 성적도 상위에 속해 1969년도 소위 임관자 3,300여 명 중 순위 401등으로 군번 앞자리에 0이 두 개가 붙는 영예도 안았다.

내가 군과 인연을 맺은 것은 대학 3학년 때 R.O.T.C에 지망하고 2년간의 군사 훈련을 받게 되면서부터 정신적으로 많은 도움을 받게 되면서 소극적인 내가 적극적인 자세로 바뀌게 되었고 진취적이며 지휘 통솔력을 발휘할 수 있는 '나'가 형성돼 가고 있음을 느낄 수 있었다.

1969.2.20. 육군 소위로 임관, 1969.2.27. 광주 송정리역에 내리자마자 육군 장교 정복 차림의 소위를 구보로 상무대까지 뛰는데 땀으로 뒤범벅이다. 이게 말이 장교지 어느 사병만도 못한 처지라고 여겨졌다.

광주 육군 보병학교 16주 보수교육 이수 후 최전방 6사단이며 강원도 철원이라고 하였다. 부대 배치를 받아 1968년도에 완공한 155마일 휴전선상의 지하 벙커 보수 작업을 위해 한탄강에서 모래 자갈을 등짐으로 운반해 6개월 만에 완성할 수 있었다.

이 공사를 완성한 후 나는 느꼈다. 독일 속담에 "디펠 이스

트 디펠"(명령은 명령이다, 즉 명령은 반드시 따라야 하고 지켜야 한다는 뜻이다.)을 명심했다. 그래서 하면 된다는 군인 정신을 오롯이 받아들일 수 있는 첫 번째 교훈을 얻게 되었다.

그리고 또 하나의 사건이 발생했다. 부임 초 1개월도 안 되었는데 대대장님으로부터 훼바지역 우리 소대 관할 구역에 15평 정도의 탄약고를 지어라는 명을 받고 보니 참으로 암담했다. 가진 것은 야전삽과 대검뿐이다. 그러나 대대장님의 준엄한 명령에 따라 땅을 파고 돌을 운반해 오고 나무를 대검과 삽으로 잘라내어 아주 근사한 탄약고를 완성하고 보니 군대가 좋긴 좋다는 생각이 들었다. 즉 소대장의 입(명령)으로 탄약고를 완성한 것이다.

최전방의 군 생활 24개월 동안 '하면 된다는 신념의 확신'을 몸소 체험했고 군인 정신에는 불가능이 없다는 것을 나 스스로 알아차리는 계기가 되어 나의 생활 안에 군인 정신과 장교 정신이 확고하게 자리를 잡게 된 것이다.

이와 같은 생활의 실천력으로 80여 성상을 살아오면서 내 모든 생활에 군인 정신과 장교 정신으로 철저히 무장되어 모든 계기마다 확신과 돌파력, 끈기와 인내가 내 생애를 지배해 가는 활력소와 동인이 되었다고 여겨진다.

전역 후 4년간의 고시 공부도 이러한 신념 하나만 갖고 시작했으나 전방 GP 장 근무 시 얻은 위장병(북한군과 끊임 없는 교전에 시달려 얻은 신경성 소화불량)과 경제적인 여건, 혼인 등으로 인해 포기하고 중앙정보부 공채로 입사해 32년간 복무하면서도 군인 정신과 장교 정신으로 충만해 국리민복과 국가안보를 최우선으로 삼아 일관된 근무를 해 왔다고 확신한다.

정년퇴직 후 모든 사회생활도 충만한 군인 정신과 장교 정신에 실천력을 발휘하여 30주간의 교육을 통해 리크리에이션, 웃음치료사, 실버 댄스, 풍선아트 등 4개의 1급 자격증을 취득하여 천주교 전주교구 하랑 봉사단(하느님을 사랑하는 모임의 봉사단체) 상임위원장(3년)과 송천동성당 노인대학의 교사와 학장 등(총 11년)도 상기 두 가지 정신으로 충만해 열심히 봉사해 왔다고 자부한다.

나는 우리나라 최전방 GP와 철책선부대의 소대장으로서 근무하면서 눈여겨 보아온 북한군의 호전성과 6.25 동족상잔의 전쟁을 통해 금수강산이 초토화되어 그 아픔이 아직도 끝나지 않은 미완의 아픔으로 남아 있음을 확인했다. 북한군은 동족이나 철천지 원수다.

우리나라의 원수들이 다시 한번 남침해 온다면 내 나이 80이 넘었더라도 현역 군에 입대를 지원하여 내 나라 지키는 첨병의 역할을 할 준비가 돼 있다. 비록 실전에 투입이 안 된다면 노병이 할 수 있는 단위부대의 상황실 근무는 잘 할 수 있다고 주장하는 바이다.

2. 내 삶은 올바른 군인 정신에 기초

　내가 배치받은 부대가 6사단인데 6사단 고유번호가 1021이다. 현재 나의 전화번호 끝자리 숫자가 1021인데 공교롭게도 천주교 신자인 점을 고려하면 앞의 '10'은 그리스도교의 10계명을 뜻하고 중간의 '2'는 구약에서 하느님을 사랑하고 네 이웃을 사랑하라는 하느님의 사랑의 이중 계명을 뜻하며 1은 예수님께서 서로 사랑하라는 뜻으로 십계명이 결국 1(하나 즉 일 계명)로 귀결된 것이다.

　1021이란 숫자는 내가 1969년도에 배치받아 갔던 육군 제6사단의 고유번호인데 휴대 전화번호가 011에서 010으로 완전히 바뀌면서 우연히도 전화 끝 번호가 1021이 되었으니 어찌 50여 년 전의 1021이 이렇게 우연일 수가 있을까? 참으로 묘한 인연이다.

　이외에도 각종 은행, 신용카드, 증권카드 등의 비밀번호는 내가 대학 3학년 때 여름방학 중 훈련을 받았던 35사단 105연대, 4학년 때 훈련받았던 35사단 106연대, 6사단 19연대의 부대 고유번호를 사용하고 있기에 나의 모든 것이 군 부대와 직접적인 관련이 있다.

　이렇게 군부대의 고유번호를 사용하고 있기에 별도로 비밀번호를 특별히 적어둘 필요가 없어 내 머리에 간직하고 있으면 된다.

제2장 회상록 속, 호국 간성干城의 그림자

1. 나주 디딜 강의 아련한 추억

　광주 보병학교 훈련 중 나주군 다시면 디딜 강에서 도하작전 훈련을 받는데 군복 바지를 벗어 물에 작신 후 90도로 내리치니 고무풍선처럼 부풀어 올라 군복 바지를 타고 떠내려가는 이른바 배가되는 것이 참으로 신기하기만 했다.

　훈련 도중 나는 내 눈을 의심하지 않을 수 없는 일이 순식간에 벌어졌다. 내 5촌 조카가 전북 남원 대강에서 광주로 이사 간 이후 20여 년 만에 나주 디딜 강변에서 만난 것이다. 내 눈을 의심하면서도 순간 정자야! 하고 불렀다. 물론 나를 보면서도 알아보지 못하고 돌아서기에 나 삼촌이야 하면서 말을 건네니 그제야 알아봐 뜻밖의 귀한 만남을 이곳 도하 훈련장에서 기적 같은 일이 벌어진 것이다.

정자 조카는 이 마을 청년과 혼인하여 이 마을에서 살고 있다고 하였으니 어찌 이런 기상천외의 일이 있을 수 있단 말인가?

나는 나주 디딜 강에서 도하 훈련 이후 44년만인 2013년 6월 말 서동원 다미아노 신부님께서 광주 가톨릭 신학 대학 교수로 재임 시 우리 신학원 성서교육과 동기생 4명과 신부님에 대한 위로 방문을 하였는데 바로 여기가 디딜 강변 옆 신학 대학이었다. 상전벽해라 했던가 너무도 많이 변해 버린 디딜 강은 추억 속 동화의 한 장면에 와 있는 느낌이었다. (2013.7.8.)

2. 육군 보병학교 훈련 중 꽃 단독의 아픔

나는 1969.2.27. 광주 육군 보병학교에 입교해 16주간의 보수교육 중 5월 중 순경 왼쪽 발목이 2시간 만에 무릎까지 부어올라 군화를 신을 수 없을 만큼 큰 고통을 겪어야 했는데, 두 가지를 잊을 수가 없다.

첫째, 왼발 엄지발가락에 고름이 잡혀있어 이것을 제거하는 위생병이 마취도 없이 칼로 원을 그리며 찢은 다음 갈코리로 찍어 뜯어내면서 와! 803번 장교님 지독하십니다. 하기에 무조건 주먹으로 얼굴을 가격하여 쓰러졌으나 위생병은 나에게 항의 한마디 없이 지나갔던 일

둘째, 발가락을 수술하고 3일을 중대 내무반에서 생활하고 있을 때 우리 중대는 유격훈련 중이라서 중대 서무병 1명과 나 외에 아무도 없다. 그러기에 300여m 떨어진 식당에서 누가 식사를 가져다주는 사람이 없어 배가 고파 도저히 참을 수가 없는 어려움을 겪다가 3일 후 훈련장으로 데려다 달라고 하여 뒤늦게 장성 특공 훈련장의 유격(특공)훈련에 합류했다.

먼 훗날(1971.4월 중 순경) DMZ에서 철수한 후 중대 연병장에서 축구 하다가 넘어져 무릎을 다쳐 걸을 수가 없어 화지리 하숙집에서 인근 식당에도 갈 수 없어 굶고 있을 때 이 소식을 들은 3 분대장 안병우 하사가 부대에서 하숙집에까지 나와 나를 업고 식당에 함께 가서 식사한 일이 있어 보병학교 훈련 중의 일이 새롭게 떠올랐다. (1971.4.9.)

3. 처음이자 마지막 면회의 아쉬움

내가 유격훈련을 마치고 부대로 귀대해 주말을 맞이해 큰형

님과 형수님, 누나와 조카 등이 광주 보병학교에 면회를 왔다. 그런데 어제(금요일) 귀대했기에 늦게 면회장에 도착하니 유격 훈련 중 장교 1명이 사망했다는 소식을 들었다며, 혹시 "내 동생이 사망해서 나오지 않는가?"라며 노심초사했다고 큰형님께서 말씀하셨다.

이렇게 보병학교 면회 외에는 전방 군 생활 2년 동안 단 한 번도 강원도 철원에 면회 온 바가 없었다. 그런데 나는 주말만 되면 소대장 3명 모두 고향이 서울이라서 면회 오면 단골 주번 사관이다.

한편으로는 장교이건 사병이건 전방 생활하는 군인에게 가족들의 면회는 단 한 번이라도 해주었으면 하는 아쉬움을 갖고 있었기에 1971.6.30. 전역 했지만, 아련한 평생소원으로 남는다. (1971.7.8.)

4. 군에서 맞이한 성탄절과 신년맞이 회상

*내가 광주 육군 보병학교에 입교(1969.2.27.)하면서 쓰기 시작한 최소형 일기 수첩이(1969년, 1970년, 1971년 6월말 간) 49년이 지난 2018년 1월에서야 발견되어 군 생활의 생생한 기록을 찾을 수 있어 매우 기쁘기 짝이 없다. 이 일기 수첩에 아래

와 같은 푸념(?)의 글들이 적혀 있다.

　올해도 어김없이 찾아온 성탄절(1969년 성탄절)!
　그리운 이의 예리성이 들릴 듯 말듯 아스라이 맞이한 X-mas 이브는 예나 지금이나 다를 바 없는데, 생각의 실마리도 감정의 발산도 너무 무덤덤하기만 하다.
　세월이 흐르는 강변에 서서 차디찬 여운이 감도는 전선의 밤은 깊어가는데, 아침부터 흰 눈이 사락사락 내리더니 지금은 White-X-mass의 이미지를 흐리게 할 듯 잿빛 하늘에 뾰족이 내미는 정답고 사랑스러운 태양이어라!
　그러더니 조금 후 맑은 바람결 속에 가볍게 하얀 눈이 쏟아진다. 이 순간 아릿한 작은 영혼들이 눈보라에 휘날리니 내 마음도 눈보라에 휩쓸려 함께 허공을 맴도는 것 같다.
　군대이기에 낭만도 Pathos도 시들어져만 가는가 싶으니 나만을 위한 고독감도 훌훌히 떠 마셔야 하나 보다! 오후 늦게 중대 본부 연락병으로부터 두툼한 선물 꾸러미를 전달해 주기에 열어 보니 광주의 춘자, 정자, 문자 조카들이 보낸 X-Mass 선물 꾸러미였다.
　이 Y-셔츠 상자 속에 하얀 쌀 튀밥으로 가득 채워졌는데, 튀밥 속에서 라이터, 소형 일기 수첩, 손톱 깎기, 작은 토끼 인형 등 10여 점이 마구 쏟아져 나와 웃음이 터져 나왔다. 이렇게 재미있는 선물은 처음이었다.

1970년 1월 1일 맑은 해는 솟아올랐다. 그러나 내 마음은 여전히 들뜨지도 않고 감정이 메말라 문드러진 듯 웬지 산만하기만 하구나! 온종일 내무반에서 서성이다가 밤이 되자 중대장님 댁에서 소대장들과 떡국을 함께 하면서 소대장 3명과 중대장 등 4명이 밤새도록 마셨다.

1970년 1월 5일 신년도 시무식을 구보로 시작했다고 적혀 있고, 연대장이 교체된다고 했다. 최재성 대령에서 장영돈 대령으로 바뀌어 신임 연대장님과 GP 근무를 하게 된 것인데 새로 오신 연대장님은 나에게 매우 큰 신뢰를 보여주셨다.

1970년 1월 10일의 일기 수첩에는 솜털 같은 함박눈이 펄펄 내린다. 발목까지 쌓인 눈을 밟으니 뽀도독 뽀도독 마치 연인들의 대화처럼 느껴진다. 이렇게 신년 시무식의 일들이 깨알보다 더 작은 글자로 쓰인 일기 책자가 귀하디귀한 보배가 아닐 수 없이 반가웠다.

5. 1969. 1970년 일기 수첩에 남겨진 토막글 모음

"말은 허공 중에 흩어져도 기록은 영원히 남는다"는 속담이 매우 의미깊다고 여겨진다. 그래서 일기 수첩 이곳저곳에 간헐적으로 써놓은 글을 옮겨 적어 본다.

(1) 전방 풀베기 작업 현장에서 (1969.9.16)

가을 내음이 짙어간다.

남쪽 나라 찾아가는 제비 떼에 목마른 사연 실어 나도 남쪽 나라 내 고향 하늘 아래 뿌려 달라고 부탁이라도 해 보고 싶구나!

코스모스 꽃망울이 한 잎 두 잎 바람결에 휘날릴 때 웬일일까? 서글프기도 하고 시원한 마음도 앞선다. 현재의 모든 순간은 괴로움이 솟구쳐 오를듯하나 역사의 흐름 앞에 또 한 번 환희의 웃음을 지으며 오늘 이 자리를 뒤로하고 사라져감을 묵묵히 서서 지켜보고 있다.

풀섶 밑에 사르륵사르륵 울고 있는(?) 벌레들의 합창에 곡조 맞춰 점심 식사를 맛있게 먹었다. 이것도 낭만 어린 풍취가 아닐까? 생각해 보았다.

이제 조금 있으면 월동을 위해 모든 준비를 해야 한다기에 군에서 처음 맞이하는 겨울이기에 이 지역 철원이 얼마나 추운지는 말로 다 표현할 수 없다니 은근히 걱정스럽기도 하다. 그러나 나는 군인이다. 군인정신이면 뭐든지 못할 것이 없다고 여겨지니 새록새록 힘이 솟구친다.

(2) 대대 ATT 훈련을 마치고 (1969. 9. 19. 13시경)

1년에 한 번씩 실시하는 대대 ATT(종합 훈련)를 하게 되어 있다. 올해에는 9월 19일 10일간의 훈련이 종료되었다. 지루하기만 했던 종합 훈련이 오늘로 그 종말을 고하고 한결 가벼운 마음에서 이젠 해방감이 든다. 연대에서 사병에 대한 폭행 여부를 조사겠다고 출석을 통보해왔다.

약 50분간의 문답을 마치고 사건의 전. 말이 밝혀졌으니 가라고 한다. 문혜리 호수 다방에서 커피를 두 잔이나 한꺼번에 시켰다. 한편으로 화도 나고 부대로 가고 싶지도 않았기 때문에 무작정 시간을 보내려는 심산이었다.

(3) 부대에서 처음 맞은 중추절! (1969. 9. 26. 21시 36분 내무반)

팔월 한가위다. 혼자서 맞는 추석 명절이지만 병사들과 함께여서 외롭다는 생각은 없구나! 저녁이 되자 대대 내의 중. 상사 이상 장교들이 한자리에 모여 한가위 파티가 식당에 있다기에 올라가 보니 족히 50여 명은 되었다.

가족들과는 떨어져 외톨이로 살지라도 명절날에 먹을 수 있는 음식은 골고루 다 먹어 보니 저절로 웃음이 나온다.

우리 중대 나를 제외한 다른 소대장 3명은 나더러 주번 사관을 하라며 모두 외출했다. 내 일생에 이번 같은 군대에서 명절을 맞이하는 일은 없으련만 나 혼자이고 보니 조금은 섭섭한 생각이 사르르 저며 온다.

사라져가는 기유년의 추석 명절이여 안녕. !!!

(4) 국군의 날, 외로움을 달래본다. (1969.10.1. 08시 30분)

남향의 따사로운 햇볕이 그리워진다. 맑은 햇살이 검붉은 피부를 사르르 어루만지듯 동녘 하늘에서 뾰족이 얼굴을 내밀며 솟아오른다.

맑은 햇살이 만천하를 삼킬 듯 솟아오른 아침이다. 한가한 국군의 날에 5분대기 소대는 대대장의 지시로 독수리 훈련을 하라고 한다. 군대이니까 하라는 대로 해야지 그저 시키는 대로 하자꾸나! 묵묵히 말이다.

조금만 더 지나면 섬돌 밑에 서릿발이 서걱이면 철원 계곡에서 지새우는 말단 소대장은 차가운 서러움을 피부로 느끼랴 짐작은 하고 있다. 아무런 즐거움도 바램도 없이 이 산골에서 병사들을 달래느라 여념이 없으니 말이다.

하늘하늘 불어오는 미풍이 나무 잎새를 힘없이 날려 주고 있다. 지금은 나를 낳아 주시고 길러주신 부모님에 대한 아들도 아니요, 그렇다고 사랑하는 사람의 연인도 아닌 오로지 국가가 필요로 할 때 쓰여질(?) 영광스러운 돼지 신세가 바로 내가 아닌가?

(5) 최전방 나무꾼 소대장의 변?

(1969.10.7.) 소대원 나무 다발을 헤아리며

참 요지경 속의 나무꾼이 되어 오늘도 산정에서 휘파람을 불면서 나무 다발을 헤아려 본다. 2일간의 목표량을 채워야 하는데 온종일 나무를 해도 채워지지 않는다. 그다음 날은 분대별로 쌀과 부식을 나누어주고 종일 놀아도 좋으니 목표량을 채우도록 지시했다.

아니나 다를까? 하루 내내 남쪽 경사면에 불을 피워놓고 점심때가 되어 전령에게 밥을 하도록 하고서 무작정 기다려 보니 오전 중에 거의 목표량을 채우고서는 병사들이 노는 것을 목격하였으나 아무런 말도 하지 않았다.

오후 4시경 산 정상에서 휘파람을 부니 각 소대에서는 이미 해 놓은 나무를 짊어지고 꾸역꾸역 모여드니 목표량을 채우고도 남을 지경이었다. 대대에서 정해준 목표를 채워야 내일 예 그린 합창단의 위문공연을 관람할 수 있기에 말이다.

다음날 (10.8) 오랜만에 병사들이 여자아이들과 합창단 지휘자들을 보게 되니 병사들은 그야말로 분위기에 들떠 환장할(?) 지경에 이르렀다. 그들이 떠나고 난 뒤 정에 굶주린 여우들이 다 된듯하기만 하다.

(6) 만산홍엽滿山紅葉의 아름다운 단풍의 향연

　(1969.10.10. 늦은 밤)

에머랄드 빛 맑은 하늘을 가르며 산들바람이 솔솔 불어온다. 이 바람이 내 고향 남쪽 산정에서 불어오는 걸까? 하고 물어보고도 싶어진다. 그윽한 향 내음을 음미하는 이 전원의 풍취 속에서 하루의 일과를 아름답게 수놓아가는 가냘픈 아가씨의 마음처럼 상상의 나래를 펴본다.

살얼음이 얼고 새하얀 서리가 서걱서걱 내려 쌓인 대지 위엔 한 발자국씩 주춤거리며 가까이 온 동장군의 문안 인사를 미리 여쭙는 거 같았다.

굽이굽이 도는 산골짜기엔 노랑, 파랑, 빨강으로 불붙는 듯 갈아입은 요술쟁이처럼 변장한 산자락을 가르며 흐르는 맑은 물이 졸 졸 졸 한 잎의 나뭇잎을 띄우며 떠내려간다. 한가로운 최전선의 하루가 어둠에 사르르 덮여 가듯이 말이다.

지금쯤 남쪽 나라 내 고향에도 오곡이 무르익는 밭고랑엔 한 해의 결실을 거두는 훤한 웃음에 잠겨 있을까? 알알이 영글어가는 가을도 막바지 차가운 여운만이 코끝을 세차게 여미어 가니 겨울을 부르는 찬미가일까도 싶다!

오늘 낮 부대에 배치받은 후 처음으로 한탄강漢灘江 물에 손을 씻어 보았다. 달랠 길 없는 향수가 내 주변을 감싸 주며 강물과 함께 유유히 떠내려가는 듯하다.

괴기한 한탄강은 우리나라 어디에서도 찾아보기 어려운 강이다. 기암괴석에 주상절리를 현실감 있게 볼 수 있는 곳이기에 말이다. 이 강물이 북한 지역에서 발원하여 내려오고 있기에 가슴이 아려 오면서 한을 품고 있기에 한탄강恨歎江이련가?

(7) 대대 5분대기 소대장의 푸념(1969.12.12.)

대대 5분대기 소대장을 6개월째 맡고 있다. 그간 수많은 5분대기 출동 중 헬리콥터를 타고 지상에 침투해 있는 무장 간첩 소탕 작전은 물론 대대 OP 인근에 침투한 공비토벌에 참여해본 경험이 많기에 젊은 혈기로 인해 무서운 것은 전혀 없다.

그러나 동절기冬節期 대비 FEBA지역 진지보강 등 작업차 부대는 투입되고 대대 내에는 5분대기 소대만 남아 있다. 한시라도 병사들에게 한가로움을 주면 잡념이 생기기에 무엇이든 쉴 틈 없이 과제를 주고 연속성 있게 해야 한다.

아침 07시 30분부터 무장 공비가 침투해 소탕 작전에 임하라는 긴급 출동 지시를 받고 소탕 작전에 돌입했다. 고지 정상에서 세차게 불어오는 정남풍正南豊! 무릎이 깨질 듯 시리다 못해 떨어져 나갈 듯하다.

그런데 적이 바로 사정권에 있는데도 공격 앞으로! 해도 좀처럼 소대장의 공격 명령을 따르지 않는다. 너무 추운 탓일까? 결국 3명 모두를 소탕했지만 아쉬움이 남는다.

작전이 끝난 후 소대 OP 밑에 불을 피워놓고(소대장 특권) 싶으나 병사들을 생각하면 엄두조차 낼 수 없는 상황이다. 순찰을 가보니 진달래 나무를 모아 불을 피워, 쬐고 있는데 얼굴에는 숯덩이가 주렁주렁 매달려 있는 것 같아 마치 흑인들 같았다.

모두가 저것은 사람이 아니라 어느 동굴 속의 짐승들처럼 보였다. 이런 것을 보고 있노라면 병사들이 자기 집에서는 귀여운 자식들이지만 이곳에서는 땔 나무꾼도 저런 땔나무꾼은 없으리라 생각하면 가슴이 먹먹해 온다.

(8) 대적 선전대 여군들의 GP 방문 헤프닝 (1970.10.22.)

GP에는 대적 선전대원 0명이 근무하고 있다. 그래서 간헐적으로 대적 선전대원들이 방문하는데 이들은 여군 하사관 1명과 또 다른 여군 사병 2명이 함께 온다. 이들은 GP에 올 때마다 군복 치마를 입고 온다. 이들이 올 때면 GP 병사들은 좋아서 어찌할 줄 모른다. 서로서로 더 많이 쳐다보려고 말이다. 물론 함께 대화는 금지되어 있다.

우리 여군들의 상냥한 목소리가 휴전선을 가로질러 북쪽을 향해 울려 퍼지고 우리 가요가 흐르면 북한 군인들이 발로 장단을 맞추는 모습이 망원경에 잡힐 때 아! 우리의 대적 확성기 방송의 효과를 보고 있다는 확신이 선다.

또한 대규모 병사들이 적 GP 앞에서 작업을 하고 있었기에 방송 효과는 매우 컸다고 여겨진다. 저렇게 순진해 보이는 북한군이 땅굴을 파고, 남한 침투를 끊임없이 자행하고 있는 것을 보면 언제까지 우린 서로 죽이고 또 싸워야 하는지 개탄스럽기만 하다.

대적 선전대 여군들이 왔다 가면 2-3일 동안은 GP 장은 잠을 못 잔다. 병사들의 눈동자가 풀리고 남자들의 자위행위로 인해 온통 난리이나 이들이 왔다 가면 그래도 사기는 다소 진작 된다고 여겨진다.

제3장 GP 장 임무 수행 일화

1. 최전방 GP 생활, 눈에 보이는 산삼과 노루!

　내가 최전방 GP 장에 선임돼 진중 교육 중 가장 강조했던 것이 병사들의 안전사고 예방이었다.

　3개월의 각종 교육을 마치고 전방 투입에 앞서 1970.3.2 강원도 철원군 갈말면 내대리에서 마지막 밤 그날의 일기책에 다음과 같은 내용의 글이 쓰여 있다.

　중대원을 모아 놓고 "석별의 아쉬움을 나누고 오늘이 여기에서 마지막 밤이다. 내일 새벽에 우린 갈말면 상사리를 통해 철책선을 넘어 506 GP로 간다. 너희 모두는 서러워하지 말고

의지를 굳게 갖자고 되어 있다."

  1970.3.5. 일기책(54년 전의 일기 수첩)에 감회도 새로운 GP 생활!, 갓 시집온 새색시의 마음 마냥 어안이 벙벙하기만 하다. 물이 없어 눈을 녹여 밥을 해 먹어야 하고, 세수도 눈으로 해결해야 하는 처지가 되었고, 밤이 되면 간담이 서늘한 북괴군의 침투에 대비해야 하는 절체절명의 순간을 맞이하게 된 생활이 되었구나! 라고 기록돼 있다.

  GP에 들어와 최초로 1970.3.13 3사단 GP 옆 골짜기에서 총탄이 수없이 쏟아붓는 치열한 교전이 벌어졌는데, 그다음 날 확인 결과 노루 두 마리가 사살되었다는 전황 보고에 아연실색하지 않을 수 없었다. 이렇게 노루가 GP 생활 동안 수없는 말썽꾸러기 짓을 한다. 노루는 사람이 침투하는 것과 비슷한 소리가 들린다.

  그 후 3.18일에는 새벽 2시 40분 크레모아 폭음과 함께 비무장지대 내에서 우리 매복조와 적 침투조 간에 총격전이 벌어져 우리는 조명탄을 올리고 사태 추이를 관망했으나 날이 밝아오자 우리 수색 중대 소속 선임하사는 북한군 총탄에 맞아 유명을 달리했고, 아군 병사 2명이 전상을 당했으나 우리 지역으로 침투조(북한군) 9명을 사살하는 전공 올렸다.

  우리 사단 지역에는 0개의 GP가 있는데 인접 대대의 GP 장은 3사관학교 출신 소대장이 맡았고 우리 대대의 GP 장은 모두 R.O.T.C 출신이 맡았다. 그런데 공교롭게도 인접 대대의 GP 장은 GP 주변의 지역에서 노루를 사냥, 고기를 먹어서인지는 모르겠으나(들은 이야기) GP 장 1명이 M18 A1 지뢰를 밟아 발목이 잘려 나가는 불상사를 겪었다.

옛말에 노루는 영물이라서 노루 고기를 먹으면 좋지 않다는 속설에 따라 비무장지대 내에서는 꿩 등 기타 야생 새들을 잡으려는 생각을 아예 하지 않아야 한다는 속설을 망각해 발목이 잘려 나가는 불상사를 당했다는 아쉬움으로 남았다.

비무장지대 철수 후 대대장님께서 노루를 잡으셨다고 중대장과 소대장 중 노루 고기 먹을 수 있는 사람은 오라고 하시어 갔더니 소대장 중에는 나 혼자 밖에 없어 피는 물론 고기도 많이 먹었으나 별 탈 없이 지나가기에 어쩌면 하나의 꺼림직한 금기일지도 모른다고 생각해 보았다.

또 지뢰지대 내에서 인삼꽃을 볼 수도 있는데 이는 산삼임에 틀림이 없다. 그러나 이걸 채취하려 한다면 미확인 지뢰지대이기 때문에 자칫 목숨을 잃을 수도 있고 아니면 발목 지뢰를 밟아 발목이 절단되는 불상사를 겪을 수 있기에 각별한 주의와 함께 병사들에게 철저한 교육은 물론 그런 생각을 하지 못하도록 했다.

결국 GP 근무 1년 2개월 동안 소대장인 나를 비롯하여 단

한 명의 병사들의 안전사고 없이 무사히 마쳤다.

  나는 1970년 정월 설날을 맞아 2박 3일 외출 허가를 받아 전주 집에 오면서 병사들이 캔 제법 굵은 뿌리 3개를 신문지와 다른 빳빳한 종이에 싸서 열차를 타고 집에 오는데 나는 산삼으로 일고 각별히 주의를 기울여서 조심스럽게 가지고 와서 아버지께 드리니 산삼이 아니고 자연산山 마라고 하셨다.

  그 후로는 일체 토종 식물에 관심을 갖지 않았으나 비무장지대에 또 있을지도 모를 동삼(산삼)에 대한 유혹을 좀처럼 버릴 수 없었다.

2. 국토의 '섬' GP 생활의 명암

  나는 비무장지대에서 만 1년 3개월 동안 수많은 북한군과의 교전은 물론 때론 오인 상황이 벌어져 수많은 소화기 실탄과 여타 각종 실탄을 퍼부으면서도 오로지 국가안보의 보루로서 성실히 임무를 수행해 왔다고 자부해 왔다.

  GP 요원의 첫 번째 임무는 북한군의 대남 침투징후에 대한 조기 포착과 즉시 상황 보고와 적군의 아군 GP에 대한 기습 침투에 효과적으로 대처함은 물론 우리 GP 요원들의 안전사고 예방에 주력해야 한다.

1) GP에 입소, 3일 만에 6사단과 3사단의 접경지 골짜기로 침투하는 침투징후를 포착해 대대 상황실에 보고한 바 있는데, 침투 전날 23시 30분경 제3초소에서 적군 침투 사항을 보고해와 선임하사와 함께 확인 결과 적들이 남한 침투에 대비, 비트를 파고 있는 것으로 판단하고, GP 경계를 강화했다.

   그다음 날 01경 3사단 인접 대대와 우리 사단 대대와 합동으로 교전이 벌어져 침투 무장 간첩 6명 전원을 사살하는 전공을 올린 바 있다.

   2) GP에 들어와 1개월이 지날 무렵 GP 내의 고정장비를 점검하는 과정에서 M-16 소총 1정이 없음을 확인했다. 모두 5정이 있어야 하는데 1정이 없어졌다는 것은 심각한 문제였다.

   전 소대원에게 보안관리를 잘하도록 철저한 교육과 함께 이 사실이 외부 유출시 죽음을 각오하라고 당부했으나 마음이 놓이지 않아 사단 병기 중대에서 5만 원에 M-16 소총을 사 왔다.

   물론 사 온 총기 번호를 지우고 우리 GP에 있던 고정장비인 총기 번호도 함께 새로 새겼고, 총기 구입대금은 당시 내 월급 8,730원인데 5만 원이면 매우 큰 돈이었다. 물론 중대 인사계로부터 빚을 낸 것이다.

   그리고 모든 방안을 연구해 봤으나 일단 정공법을 택하기로

하고 전에 근무했던 부대 소대장에게 전화로 M-16 소총의 향방을 문의하니 자기들의 실수로 인해 철수할 때 가지고 나왔다는 것을 확인했다.

M-16 소총을 전에 근무했던 부대에서 회수해 온 뒤 사단 병기 중대에서 사 왔던 총은 모두 부수어 비무장지대에 버렸다.

총을 샀던 비용 5만 원은 6개월에 걸쳐 내 월급에서 갚았지만 어떻게 이런 방법을 고안해 냈는지를 생각하면 기상천외의 방법이었다는 생각이 들기도 했다.

이 총기 사건으로 나와 초. 중학교 동기 동창생 양00에게 침대 각목으로 엉덩이 한 대를 때려준 것이 전부이고, 여타 병사들에게는 아무런 책임을 묻지 않았다. 왜냐하면 양00이 정문 초소를 담당했기에 거기에 대한 책임을 물은 것이나 이 또한 억울하게 당한 결과가 되었다.

나는 이 사건과 관련, 사단 병기 중대로부터 M-16 소총의 구입이 형사처분을 받을 사건이었음에도 잘 무마되어 천만다행이었고 천길만길 낭떠러지에서 살아서 돌아왔다고 생각하니 달나라를 다녀온 느낌이라고 여겨지기도 했다.

3) 1970년 7월 10일 저녁 근무를 위해 초병을 배치하고 벙커를 확인. 순회 중 제7번 초소병이 나를 보자마자 소!, 소!, 하면서 말을 더듬기에 앞을 보니 적군 2명이 우리 GP 기습을 위

해 엎드려 있는 것을 내가 보자마자 45도의 언덕 교통호를 쏜살같이 올라가 28발의 CAR 소총을 발사했다.

다음날 대공 판단에 의하면 1명은 현장에서 즉사하고 2명은 피를 흘리며 북한군 GP로 도주한 것으로 추정했다는 결론이었으나 1명의 시체를 대대장님은 GP 장이 수습하라고 하시자 나는 "GP 장 소관이 아니라 수색 중대 임무라고" 시체 수습을 거부해야만 했다.

이 사건으로 인해 우리가 먼저 적의 침투조를 발견하지 못했더라면 그날 밤 우리 GP는 큰 환난을 겪었을지도 모른다는 생각에 간담이 서늘함을 맛보아야 했다.

후일 이 사건으로 인해 나에게 무공훈장이 수여된다기에 나는 의무복무 후 전역해야 하기에 대대 S-3(백OO 소위)에게 공을 돌려주었는데, 백 소위(대대 S-3)가 이 전공 덕택에 88올림픽 직전에 경찰로 투신해 경정을 받았고, 총경으로 진급해 88올림픽 대회 때 경찰특공대장을 맡았다.

4) 1970년 8월 3일 06시경부터 48분간의 교전하면서도 우리 병사들 그 누구 하나 부상이 없는 가운데 적 GP 방송시설을 57mm 무반동총으로 파괴하였고, 적 GP 상황실 벙커를 폭파하여 우리 군의 위용을 입증시킨 바도 있다.

48분간 교전으로 GP에 비치되었는 소화기 실탄 5만여 발을 모두 쏘아가며 교전하는 것을 중대 OP나 철책선에서 바라다본 병사들은 얼마나 초조하면서도 참으로(?) 보기 드문 현상이었을 것이다. 전쟁터에서 내가 죽지 않으면 가장 재미있는 것이 전투라는 말도 있듯이 말이다.

아니나 다를까, 48분간의 교전을 마치고 중대장님과 첫 번째로 통화를 하니 야! 박 소위, 참으로 기막힌 장면을 보았다고 말하기에 순간 화가 치밀었다. 뭐! 보기 좋았다고? 이 사실을 대대장님께 여과 없이 직보하여 대대장님으로부터 큰 야단을 맞았고 한다.

5) 1970년 11월 초 04시경 우리 지역 0개 GP와 맞은편 적 707 GP와 상호 교전이 벌어졌는데, 이 교전은 우리 대대지역 0개 GP와 적 GP 상호 간에 각각 교전이 벌어지고 있었다.

그런데 이와는 별도로 우리 지역 개활지에서 적 대남 침투조 9명과 우리 군 수색조의 조우로 교전이 벌어져 우리 GP에서는 예광탄을 계속 쏘아 올렸는데, 이 전투로 우리 수색 중대 중사 1명이 전사하고 3명의 병사가 경미한 부상에도 불구, 적군 침투조 9명 전원을 사살했다.

6) 특히 잊을 수 없는 일이 있다. 우리 GP 요원이 GP에 들어와 상황 근무하면서 자세히 관찰해 온 바에 의하면 우리

GP 밑 부분에서 폭약이 터지면 적 707 GP(우리 GP와 직선거리 1km) 후사 면에서 지하에서 터지는 시각에 거의 맞게 터지는 폭발음이 계속 관측되었다.

당시 '한OO' 제1군 사령관님께서 우리 GP 방문 때 나는 적이 땅굴을 파는 것으로 추측된다고 보고하니 사령관님께서도 확신하시지 않으셨다. 그러나 내가 GP에서 철수 후 다른 GP장이 적의 땅굴 작업을 보고했다가 결국 정신 이상자로 낙인찍혀 후방으로 이송되었다는 소식을 접한 바 있다.

먼 훗날 북한군 장교 김주성이 귀순하여 철원에 땅굴이 있다는 증언에 따라 우리 군에서 땅굴 탐사와 시추공을 뚫어 땅굴이 있음을 확인하고, 철원군 동송읍 화지리 소재 학저수지 물 200여 드럼을 퍼붓자 물이 계속 들어감에 따라 역 갱도를 뚫고 들어가 현재의 철원 제2 땅굴이 발견되었다.

나는 아내와 우리 아파트에 함께 거주하고 있는 이OO 교장 선생님 부부 교장 퇴직 선생님과 2023.10.8.-10.9간 철의 삼각지 비무장지대 안보 관광 단원으로 참여해 철원 제2 땅굴과 옛 102 OP 등을 둘러보았다.

아내는 내가 근무했던 GP에 대해 말로만 듣던 바를 직접 현장을 가서 보고 체험하면서 남편이 장교로서, 최전방 GP 장으로 근무한 이력이 실감 난다며 국가관이 확실한 사람이라고 말하는 것이었다.

7) GP 근무하면서 병사와 GP 장은 한 가족처럼(즉 형과 동생) 끈끈한 인간관계를 철저히 유지하면서 생활해 나가야 한다. 나는 8월 추석과 음력 12월 그믐날을 맞아 대대 보급관에게 부탁하여 누룩과 콩 등을 일종 가마니 속에 감추어서 보내주도록 부탁해 그것으로 GP 내에서 병사들이 손수 만든 막걸리와 칡 잎을 깔고 찰떡을 만든다.

이 술과 떡을 함께 먹으면서 8월 보름에는 달을 쳐다보며 함께 고향의 봄노래를 부르면 병사들 모두가 눈물을 흘리며 향수에 젖게 된다. 이렇게 하면 어느 병사 한 명도 조는 이 없이 경계근무에 철저하다.

또 요원들의 생일날 아침 식사에는 GP 장 벙커로 초대해 전령이 마련한 진수성찬(?)을 앞에 놓고 정담을 나누면서 생일밥을 함께 먹을 때는 병사들이 눈물범벅을 이루고 감동하는 모습에서 참다운 가족임을 확인하는 자리가 되기도 했다.

GP에서 가장 곤혹스러움은 갈수기(4월 초부터 6월 초까지) 때 식수를 구하기가 하늘의 별 따기라는 말처럼 어려움이 뒤따르는데, 물이 나올만한 산골짜기 윗부분에서부터 웅덩이를 즐비하게 듬성듬성 여러 개를 판 다음 그곳에 고인 물을 숟가락으로 퍼담고 양재기로도 퍼담아다 먹는다.

현재 철원 제2 땅굴 역 갱도 입구가 우리가 판 우물터인데 그 물을 파고 덮개까지 만들어 뚜껑에 자물쇠까지는 만들어 놓고 매일 아침에 물을 길어와 우선 개에게 먹여본 후 우리 병사들이 식수로 활용한다.

북한군은 우리가 물을 떠 오기 위해 정문을 나설 때를 맞추어 북한군 GP에서 우리 정문 초소를 향해 기관총을 발사해 상호 총격전이 간헐적으로 벌어지기도 한다.

1970년 5월 초 비무장지대 내 우리 지역 어느 곳에서도 물을 구할 수가 없어 물이 예상되는 지점으로 가려고 산모퉁이를 돌아가니 북한군이 이미 와서 경계병을 배치하고 물을 퍼 담고 있어 나와 소대원 9명이 그곳을 빠져나오느라 간담이 서늘함을 느꼈다.

8) GP 근무 중 배변 처리기가 골칫거리인데, 겨울에 변소의 분뇨를 퍼내어 비무장지대에 버리면 봄날 남풍이 솔솔 불어오면 우리 GP 쪽은 온통 똥 냄새로 곤혹스러울 뿐이다. 어느 땐가 사단장님께서 GP에 오시어 나에게 박 소위! 이거 똥 냄새 아니야? 하시면서 박 소위는 똥 소위라고 나무라셨기에 그 후로는 아주 깊이깊이 묻었더니 냄새가 나지 않았다.

9) 1970년 11월 초 온 산야에 흰 눈으로 덮였는데 우리 GP 3번 초소에서 적 침투 보고를 해와 침착하고 조용히 전원 비상 배치를 마치고 적 침투징후를 보고한 벙커로 가서 보니 방

망이 수류탄 한 발이 우리 GP 철조망을 넘어와 대롱대롱 매달려 있었다.

그 후 아무런 징후가 없이 여명이 밝아오자 자세히 보니 칡넝쿨과 긴 막대기가 함께 바람에 날려와 매달려 있는 것이었다. 이런 상황을 대대 상황실에 일체 보고도 하지 않은 채 GP장 자의에 따라 모든 상황을 처리한 일도 있는 등 바로 이런 것들이 자칫 잘못하면 확대되어 오인 상황으로 인한 교전이 될 수도 있는 것이다.

10) GP에서 6개월을 근무했는데, 어느 날 보안대라며 내게 전화가 왔다. GP에 남은 쌀과 납작보리를 줄 수 있느냐는 것이었다. 나는 줄 수 없고, 혹여 보안대에 주고 나면 우리 병사들은 무엇을 먹이겠느냐며 단호하게 거절하였더니 너무한다면 불평했으나 단 한 톨의 곡식을 보안대에 주지 않았다.

그런데 6개월 동안에 쌀 3가마와 납작보리 6가마가 남아도는 것이었다. 나는 이것을 우리 대대 본부에서 활용하도록 하였고, 월동준비로 3개월분의(11월부터 다음 해 1월까지) 대적 선전대 방송용 휘발유와 취사용 경유가 한꺼번에 들어온다. 이 휘발유 중 일부를 연대 본부와 대대 본부에 일정량을 할애해 줌으로써 GOP 부대의 원활한 전투 활동용 기름으로 제공하는 역할도 했다. 물론 이래서는 안 되지만 말이다.

11) 원래 내가 근무했던 GP에서 1970년 6월 1일 자 중위 진급에서 탈락하자 연대장님께서 나에게 진급 발표 전에 6월 1일 자로 중위로 진급할 테니 3일 정도 집에 다녀오라고 하셨는데, 막상 진급 발표에서 내가 탈락하고 말았다.

진급 발표 후 특별휴가를 1주일을 주었기에 휴가를 마치고 GP에 들어가려니 다른 중위 진급자로 GP 장이 임명되어 나는 철책선 소대장을 맡게 되었다.

철책선 소대장을 여름부터 겨울까지 잘 수행해 왔는데 1970년 12월 25일 새벽 3시경 연대장님과 대대장님이 순찰 오셨다기에 순식간에 7중대와 5중대의 경계 지역으로 뛰어 내려갔다.

성탄절 새벽은 광활한 개활지에 흰 눈이 수북이 쌓인 눈 위로 쏟아지는 달빛은 북한 지역과 우리 지역 모두를 훤히 비추어 그야말로 황홀경에 빠져들기에 충분했다.

필승! 근무 중 이상 없습니다. 라고 작은 소리로 보고를 했다. 그랬더니 야! 박 소위, 초소를 텅텅 비워 놓았는데 무슨 근무 중 이상 없다고 하나? 하시기에 그래서 제가 이렇게 잠을 자지 않고 순찰하고 있습니다. 라고 하자 연대장님께서 그래! 연대장은 박 소위를 믿는다며 지휘봉으로 내 어깨를 살짝 밀으셨다. 신뢰의 표시였다고 생각했다.

그러시면서 박 소위! 인접 GP 장으로 내일 갈 수 있겠느냐?

고 하시기에 즉석에서 가겠다고 하니, 점심 식사 후 2대대 7중대 소속 OOO GP 장으로 가라고 하시고 현장을 떠나셨다.

아침 식사에 중대장님께서 중대 OP에서 함께하자고 오라고 한다. 중대장님과 아침밥을 먹으려는데 별안간에 내 어깨에 붙어 있는 소위 계급장을 두 손으로 매만지고는 눈물 바람을 하시면서 내게 미안하다고 하셨다. 왜냐하면 우리 대대 중 우리 중대(5중대) 소대장 3명 모두 중위 진급에서 탈락하여 다른 중대에서 중위 진급자를 보충받아 우리 중대 GP 장으로 보충했기에 중대장으로서는 체면이 말이 아니었을 것이다.

12) 7중대 OOO GP 장으로 와서 보니 GP 장에 대한 대우가 아주 형편없었다. 그 예로 특식이 나와도 나에게 김 한 장도 주지도 않고 계란도 없었기에 전령에게 물어보니 소대장님 용은 없다는 것이었다.

물론 장교는 급식 수당을 받기에 없으나, GP 근무 기간에는 생명 수당을 사병들과 똑같이 받는다. 특식 나오는 날 밤 식당에 가보니 달걀을 45 갈론 밥솥에 넣고 삶는 것이었다. 이것도 내겐 한 개도 없었다. 은근히 화가 났으나 참았다.

다음 날 아침 비상 소집을 하니 병사 한 명이 나오지 않아 연유를 물었더니 어젯밤 삶을 계란 18개를 먹었고 한다. 어쩌면 죽을 수도 있다는 생각이 들어 우선 아버지께서 주신 강력한 소화제 10알을 먹였더니 설사를 하고 나면서 원상회복이 된 일이 있다.

또 내가 외박을 나갔다가 오면서 보니 GP 식당 연통에서 검은 연기가 솟아오르는 것을 보고 와서 선임자인 박 하사에게 물 묻은 수건을 목에 휙! 던지면서 버럭 화를 내고 더는 추궁하지는 않았다. 어쩌면 자기도 선임 분대장인데 소대장으로서 순간 나도 잘못했다는 생각을 잠시 해 보았으나 그냥 지나쳤다.

그런데 초번 초를 투입 시킨 뒤 GP 정문 초소와 인접해 있는 중대 OP에서 중대장님과 담소를 하고 있을 때 관측장교(임용재 소위, R.O.T.C.8기)가 나를 빨리 GP로 오셔야겠다며 박 하사가 오늘 자기보다 높은 놈은 모두 죽이겠다고 난동을 부린다고 하기에 GP로 급히 갔다.

우선 GP 교통호에 있는 수류탄과 실탄을 모두 점검했는데, 수류탄 2발이 없어졌다. 이 두 발을 박 하사가 갖고 있어 자기보다 높은 놈을 죽인다고 하였으니 나를 죽이겠다는 것이다.

GP 장 벙커에서 01시가 되어도 아무런 징후가 없었다. 내가 02시 30분경 순찰하면서 박 하사의 벙커를 가보니 박 하사가 잠을 자지 않은 상태에서 내가 벙커문을 살며시 열어 보니 눈을 똑바로 뜨고 손을 코 위에 대고 있더니 나를 보자 모포를 잡아당기며 살며시 손을 내리고 이마를 모포로 덮는 것을 보고 나왔다.

　박 하사의 벙커를 나와 초저녁에 없어졌던 수류탄 2발이 원위치에 있음을 확인했는데, 다른 수류탄에는 먼지가 끼어 있었으나 그 2발의 수류탄은 반질반질하여 내가 2발을 증거품으로 확보했다.

　박하사 신병 처리와 관련하여 심사숙고해 보았다. 내가 처음 부대에 배치받은 후 얼마 되지 않아 어느 날 우리 중대 막사 안에서 사병이 총기로 병사들을 죽이겠다는 등 난동을 부린다는 소식에 부대 안으로 들어와 분위기를 살폈다.

　그런데 화기 소대 김일동 일병(사고 병사)이 M-1 소총을 들고 난동을 부린 것이다. 이 병사는 내가 우리 소대원이 아닌데도 우리 소대로 받아드려 고석정 위 우리 소대 OP 인근에 있는 고정 탱크 포 근무병으로 차출하여 파견시킨 병사였다.

　내가 막사로 들어가면서 큰 소리로 "김일동, 나 소대장이다! 총을 쏘려거든 나에 쏴봐라!" 하면서 김일동과 근접해 갈 때까지 눈을 떼지 않고 좁혀가다가 일정 거리로 좁혀오자 2단 옆차기와 돌려차기 한 번으로 쓰러뜨리자 병사들이 달려들어 손을 묶고 연료 창고에 감금시켰다.

　대대에서는 동 사건을 연대에 보고한 후 6사단 헌병대에 통보, 다음날 내가 인솔하여 연대에 호송해 가는데 김일동은 나에게 잘못했으니 용서를 빌기에 너는 이미 때가 늦었으니 용서받을 가치가 없다. 왜냐하면 "너는 은혜를 원수로 갚는 자이기에 일고의 용서 가치가 없다"고 단언하면서 남한산성 국군교도소로 가야 한다고 뿌리쳤다.

나는 김일동 사건을 떠올리면서 박 하사 문제 처리 방법론을 생각한 끝에 용서할 수 없다고 판단, 대대장님께 GP에서 벌어졌던 상황을 전화로 직접 보고하니 오늘 밤을 잘 관리하라 하시면서 내일 박 하사를 헌병대로 이첩하겠다고 하셨다.

대대장님께서 박 하사를 체포해 가도록 모든 준비하라고 하시어 그다음 날 밤 8시 5분 전에 문제의 수류탄 2발을 박 하사에게 보여주면서 "너를 오늘 밤 헌병대로 압송할 테니 잘 가라"고 하면서 GP 밖으로 내보자 대기 중이던 사단 헌병대 차로 압송해 갔다.

13) 나는 1년 2개월 동안 GP 근무로 인한 일명 목숨 수당 등을 포함해 군 생활 중 보험금 등을 합해 13만 5,000원을(당시 쌀 한 가마에 4,500원이니 40 가마니로 꽤 큰 돈이다) 갖고 전역한 후 이것을 내가 관리했어야 했는데 너무 순진한 탓으로 인해 4년간의 고시 공부 기간 중 돈 때문에 고통을 겪어야 했고, 결국 중도 포기하고 말았다.

3. 506 GP의 봄 향기

　걷잡을 수 없는 봄의 서정은 서로가 분열된 상태에서 강변에 뿌려지는 모래알처럼 봄의 화사한 입김이 대지에 가득하고 뽀얀 낮은 구름에 달무리 여울지는 대지를 건너 베겟머리에 와 닿는 듯 살며시 인사한다.

　아지랑이 낀 산등성에 봄이 무르익고 나물 바구니에 냉이, 달래랑 따 담는 아가씨의 가슴팍에 봄을 떠안으라고 손짓이라도 할 건가? 싶다. 흐르는 물 같이 달아나는 세월 속에 오늘이 가면 두 번 다시 오지 않음이니 오늘 하루의 삶에 대해 조금만 더 애착을 가져 보아야겠다는 생각이 자꾸자꾸 떠오른다.
　침묵 속에 깃든 언어를 듣고 있는 순간 물기 머금은 촉촉한 대지 위로 봄의 서정이 서리서리 내리고, 밤하늘의 은은한 달빛이 내려앉는 산골짜기에 낭만이 무르녹아 내린다.
　훈훈한 봄바람 속에 안개만이 오락가락 흩어지는데 화창한 봄날, 종달새 높이 날아오르고 돋아나는 연초록의 햇순은 새로운 희망이 부풀어 오르는 듯하더니 별안간 병아리 조아림처럼 소리 없이 내리는 봄비는 산비탈 한 모퉁이를 지나며 GP 지하 벙커의 눈을 호되게 때리고 스치며 심술을 부리고 스쳐 간다.

어둠이 사르르 내려앉자 뽀얀 안개 속에 은하가 빛을 반짝이는 가운데 봄바람에 내 마음의 물기를 말려가며 깊어가는 봄밤을 어루만지며 스쳐 지나간다. 누가 이런 신비스러운 밤을 만들었을까?

사랑의 물결이 여울져 가는 고즈넉한 산정山頂의 GP여! 이 순간 어디선가 벼락불과 함께 콩 볶는듯한 총성이 울리면 우린 또 총부리를 겨누고 삶의 몸부림치는 용감한 사내들은 국가의 신경망 역할을 충실히 다지기 위해, 또 내 부모와 형제들의 안위를 위해 적과의 전투를 감수해 내며 밤을 이겨야 한다.

마음의 눈은 칠흑 같은 장막에 가려져 답답하기 그지없다. 낮이나 밤이나 적군의 동태 파악에 신경을 곤두세우고 낮이 밤이고, 밤이 낮으로 거꾸로 뒤바뀐 삶의 현장이 바로 이곳 비무장지대 내의 나라의 외로운 섬 GP가 아니더냐!

이곳 중부 전선 철원에는 5월 중순에도 싸락눈이 내리긴 해도 5월로 접어들면 봄을 뒤로하고 여름, 또 가을, 겨울이 가면 나도 전역할 때가 온다는 기쁨을 앞당겨 보고 싶어진다.

(1970.4.28.)

4. 505 GP와 506 GP에서 맞이한 겨울 풍광

　1970년 3월 2일 01시경 강원도 철원군 갈말면 상사리를 통해 내가 맡은 GP에 들어왔다. 살점을 떼어갈 듯한 혹한을 뚫고 눈 쌓인 RB(GP로 들어가는 철문)를 통과해 조심조심해 우리 대원 모두가 교대 임무를 성공적으로 마쳤다.

　대한의 건아로서 육지의 섬 GP에서의 첫 임무 수행에 모두가 내심 초긴장 상태에서 하루하루를 맞아 눈을 부라리며 내가 살기 위해서는 밤을 낮으로 낮을 밤으로 이른바 올빼미가 되어 자기 맡은 바 임무를 철저히 수행해야 한다는 각오가 남다르지 않을 수 없다.

　GP에 들어와 봄, 여름, 가을을 보내고 10월 초부터는 완연한 겨울 살이 준비를 철저히 해야 한다. 우선 겨울을 나기 위해 대북 방송용 휘발유와 취사용 경유 등 100여 드럼을 수송 받아 적의 관측으로부터 은폐는 물론 직사화기로부터의 엄폐된 곳에 차곡차곡 질서정연하게 적재해야 한다.

　또한 일종과 각종 식자재는 1주일에 1회씩 추진하고 있으나 눈이 쌓이면 2주 또는 1개월이 되어도 부식 차량이 통과할 수 없어 그야말로 고립무원의 섬으로 전락한 상태에서 중대 OP가 훤히 보여도 적막강산 그 자체가 되고 만다.

　눈이 날리면 함박눈이라고는 전혀 볼 수 없고 차디찬 삭풍에 날리는 눈발은 권투선수의 좌우 스트레이트는 물론 어퍼컷을 하는 식으로 이른바 도깨비가 날아다니는 듯 눈이 휘날려 수북이 쌓이면 다음 해 3월 말경이 돼 서야 녹아내린다.

이렇게 눈으로 통교가 차단되면 한 가지 좋은 점이 있다. 일단 대대장님을 비롯하여 연대장님 등 모든 VIP 요원들이 GP를 방문하지 않기 때문에 편안해서 좋다.

이렇게 모든 활동이 한가로워지면 병사들의 정신이 이완돼 안전사고는 물론 월북사고 등 돌발 사태에 대비해 GP 장인 나로서는 사람(병사들) 연구에 골몰하지 않을 수 없고, 낮이고 밤이고 순찰을 개미 쳇바퀴 돌 듯이 수시로 돌아야 한다.

철원지역 비무장지대의 겨울 기온은 영하 30도에서 40여 도를 오르내리는 혹한 속에서 교대근무 후 변소에까지 오지 않고 초소 근처에 소변을 보면 곧바로 얼어붙어 오줌 얼음산이 된다.

이런 것을 겨울 동안 모르고 있다가 봄기운 돌기 시작하면 지린내가 진동한다. 이걸 방지하기 위해 교대 시간에 소대장이 변소 문 옆에서 교대 병사를 확인하게 되니 얼음산 현상은 없어졌다.

특히 보름달이 밝은 겨울밤 GP 산정에서 개활지를 내려다보면 수북이 쌓인 눈밭은 하얀 솜털을 무한하게 깔아놓은 수평선처럼 보여 아늑함과 황홀경 그 자체를 연출해 주고 있어 적과

총부리를 맞대고 네가 죽느냐? 내가 죽느냐? 하는 긴장의 연속 선상에서도 아련히 밀려오는 낭만의 서정만큼은 DMZ를 사르르 녹여주는 솜사탕 같기도 하다.

물론 겨울철에는 북한군도 대남 침투가 다소 뜸하긴 해도 만일의 사태에 철저히 대처해야 하기에 '매'의 눈으로 사주경계를 철저히 해야 한다. 왜냐하면 나와 우리가 살기 위해서이다.

특히 적군의 GP 기습 공격은 여름철 구름이 많이 끼었을 때가 가장 위험하나 겨울에는 북한군이나 우리 군이나 조심스럽기는 마찬가지다. 경계근무는 매일 23시에서 03까지가 가장 취약시간이기에 한 치의 틈새를 주어서도 안 되고 여명이 밝은 후 끝번 초병 교대 시가 취약하기에 신경을 곤두세워야 한다. (1970년 12월 28일)

제1장 고향의 향수 어린 서사시

1. 세월 따라 물 따라 욕망도 사라지리

　섬진강은 전북 진안군 백운면 팔공산 자락의 옥녀봉 아래 데미샘에서 시작하여 223km의 소백산맥과 노령산맥 사이를 굽이쳐 흐르면서 보성강과 여러 지류와 합쳐 광양만으로 흘러 들어가는 대한민국 5대강 중 가장 깨끗한 강으로 알려져 우리나라에서 7곱 번째로 긴 강이다.

　또한 섬진강은 전북, 전남, 경남 등 3개 도와 전북 진안군, 임실군, 순창군과 전남 곡성군, 구례군, 광양시, 경남 하동군 등 9개 시. 군을 통과하는 젓 줄 역할을 하고 있다.

섬진강은 물이 맑아 은어, 참게, 황어, 피라미 등 민물 어족 자원이 풍부하고 여름철 모래무지, 버들치 등 낚시터로도 안성맞춤인 곳이며, 자연 풍광이 아름답기로 소문난 곳임에도 1970년대 초반까지는 교통의 오지로 인해 섬진강 길은 새 소리 물소리와 동물들의 울음소리뿐인 옛날 산적들의 소굴처럼 느껴졌던 한 많은 사연이 많았던 곳이다.

특히 섬진강 전체 길이 가운데 일실군 강진면 물우리에서 순창군 풍산면 일대와 남원시 대강면, 곡성군 입면을 거치는 구간을 '순자 강'이라 한다. '순'자는 메추리 순자로서 메추라기가 부모님에 대한 효성이 지극하여 붙여진 이름으로 매우 좋은 뜻을 지니고 있다.

내 고향 대강면은 북서부지역에서 남쪽 구례군 쪽으로 흐르는 섬진강이 남원과 순창을 경계로 띠를 두르고 있어 띠 대帶 자를 붙여 대강면帶江面이라는 이름이 붙여진 것인데 이를 알지 못하는 사람들은 그저 대강대강 아무런 의미 없이 스쳐 지나간다는 의미로 이해하고 있어 별로 좋은 느낌은 아니라고 생각된다.

대강면은 소백산맥과 노령산맥 사이로 우뚝 솟은 문덕산의 문덕봉(삿갓봉), 차일봉, 고리봉 남쪽 끝자락을 스쳐 섬진강 물이 남원의 요천과 합류해 구례, 광양, 하동을 거쳐 남해로 흘러가기에 섬진강 유역의 산지수명山紫水明함은 말로 다 표현할 수 없는 명승지라고 여겨진다.

　대강중학교 졸업(43명) 후 전주로 유학(?) 간 이후 46년 만인 2008.8월 초 아버지 4형제 간의 묘를 전남 곡성군 입면 서봉리 선산에 모시게 되니 어린 시절부터 살아온 내 고향에 대한 회한과 희망이 교차 되는 삶의 현실에 울고 웃는 사연이 한꺼번에 복받쳐 오르는 격정의 순간순간에 형언할 수 없는 회한이 지평선 넘어 아지랑이처럼 피어오른다.
　고교 3년과 대학 4년간을 쌀, 김치, 염장 등을 등에 짊어지고 10km를 이동하다 보니 때로는 등뼈가 벗어져 며칠씩 끙끙대며 아파했던 일, 등짐으로 인해 땀으로 범벅되어져도 불평불만 한 마디 못한 채 대학을 졸업하고 R.O.T.C 장교로 임관, 군 복무를 마치고 고향에 와보니 버스가 남원과 순창 등 양면에서 개통돼 운행되고 있었다.
　그야말로 천지개벽이나 다를 바 없어 이제는 섬진강 변이 광주와 전주 등지에서 청정지역으로 소문난 관광 명소로 탈바꿈하여 세간의 이목을 받게 된 내 고향은 어릴 적 병정 놀이터요, 추억이 서리서리 녹아 있는 곳이지만 그다지 좋다는 생각은 거의 없다.
　과거와는 달리 젊은이들이 모두 외지로 떠나고 일가친척들이 살지 않기에 더더욱 갈 일이 없다. 그러니 자연히 "멀리 떨어져 있으면 정도 멀어진다."는 속담이 이를 대변하는 것 같다.

2015년 가을 초등학교 여자 동창 5명과 남자 동창 등 7명이 남원 켄싱턴 펜션에서 깊어가는 가을 내음을 만끽하며 지지배배 온갖 어릴 적 꼭꼭 숨겨 두었던(?) 일까지 들추며 60년 가까이 묵은 이야기가 여기저기에서 튀겨져 나왔다.

종선이는 초등학교 때 급장을 하면서 왜(?) 그렇게 여학생들을 작대기로 책상을 두들기는 등 못살게 굴었는지 모른다, 또 나보다 세 살 위인 강석리의 김정자는 5학년 때 외지에서 전학 온 권영술을 사랑했는데 큰골의 장덕희와 권영술이 좋아했다는 등 온갖 수다스러움의 장이 돼 한바탕 뱃살을 쥐고 박장대소했다.

초등학교 여자 동창들이 나에게 "왜! 종선이는 여자를 그렇게도 몰랐을까? 하면서 어려도 한참 어렸다"고 나를 놀려대기도 했다. 나는 5학년 때의 사건들을 돌이켜보아도 여자들에 대한 풋사랑(?)을 나는 진정 몰랐다고 자인한다.

같은 마을에서 동문수학하면서 초등학교와 중학교 때 서로 1.2.3등을 최경일, 박천용과 박종선이 다투던 절친한 사이인 최경일 친구가 오랜 60여 년 동안 외지에서 살다가 2008년 5월경 전남 곡성군 입면 매산리(외가)에 정착하면서 초등학교 동창들이 한곳에 모여 새로운 아지트가 되어 노년의 쉼터(?)로 탈바꿈하게 되었다.

  아버지. 어머니 산소를 오갈 때면 의당 들리게 되는 나의 간이역이 되면서 까까머리 애송이가 이제 반백 년을 넘어 친구 간의 우정이 망태 사랑 되어 제2의 우정友情 번성기(?)를 맞이하였으니 이 또한 인생사의 오묘한 계기가 되었다고 여겨지니 인생사 한 치 앞을 예단할 수 없다는 말이 실감 나는 것 같기도 하다.

  경일이 친구는 외사촌 형님의 밭에 파, 부추, 완두콩, 무, 배추 등 철 따라 밭작물을 재배하여 내가 갈 때마다 차 트렁크에 가득가득 담아주니 나는 '우리 친정 어매'라고 칭하면서 재미있는 전원의 풍경을 한껏 만끽 하면서, 초등학교 친구들이 모처럼 한자리 모여 소주, 막걸리를 나누면서 초로의 노구들이 추억의 한 곳이기도 한 큰골의 맑은 물을 벗 삼아 물장구도 치고, 구례 화엄사와 지리산 자락을 휘저으며 옛 추억을 더듬어 보는 재미도 매우 쏠쏠함에 젖기도 했다.

  그뿐이랴 그 옛날 종방(경일 친구 거주지 인근)의 복숭아는 수줍은 듯 얼굴을 붉히고, 옅은 보라색, 새하얀 복숭아는 지상 최고의 일미였던 그 복숭아를 사 먹는 것이 유일한 즐거움이었건만 이제는 금호 타이어 공장이 그 자리 들어서 옛 추억거리는 어디에도 찾아볼 수 없이 변했다.

특히 이곳에 금호 타이어 공장이 들어서면서 청정 섬진강은 금호 타이어공장 폐수의 영향으로 옛 명성을 점차 잃어가고 있어 산업화가 마냥 좋은 것만은 아니라는 생각을 떨쳐 버릴 수 없고, 세간에는 옛 섬진강과 지금의 섬진강은 마치 이혼한 부인을 대하는 듯하기도 하다 말이 회자膾炙 되고 있어 조금은 씁쓸할 뿐이다.

특히 도저히 기대할 수도 없었던 그 옛날의 추억담처럼만 느껴지던 전남과 전북을 잇는 제2 종방교(전북과 전남을 경계로 흐르는 섬진강을 이어준 다리) 가설로 대강면 일대가 사통팔달의 교통의 요지로 변해 가히 상전벽해라는 것이 바로 이게 아닌가 싶을 정도로 변해 버린 산천을 더러 오가면서 꿈의 거리를 걷고 있는 느낌에 놀라움을 표할 뿐이다.

2012. 6월 지방 자치단체장 선거 기간 중 초등학교 동창 일곱 부부가 중국 장가계. 원가계 여행을 하는데 경일이 친구는 외짝이라서 갈 수 없다고 하여 나는 룸메이트가 되어 경일이와 동행해 그간에 나누지 못한 어렸을 때 친구의 정을 흠뻑 나누었다.

최경일 친구는 불교에 심오한 학식과 함께 참 신앙인으로서의 올바른 심성의 소지자인 동시에 실천력이 남다른 친구다. 그가 20여 년 전에 본부인과 사별하고 술에 찌든 생활을 탈피하고 외가에 정착해 노인 일자리 창출 사업의 지도자로서, 매우 성실한 농사꾼 등 제2의 삶의 현장에서 온갖 노력을 다하고 살아가는 친구를 보면서 참으로 대견스러움을 느끼곤 한다.

그런 불교 신자가 장남이 미국 유학을 마치고 귀국해 공직에 열중해야 함에도 장남은 귀국하지 않고 미국의 신학 대학에 입학, 목회자의 길을 걷겠다고 하자 아들의 미국 유학 출발 시 1억 원을 유학 비용으로 주었던 돈까지 회수하면서 장남의 기독교 신자로의 개종을 극렬히 반대하였으나 결국 '아들의 뜻'대로 미국에서 목사안수를 받아 목회자의 길을 가고 있다.

장남의 목사 안수식에 미국을 방문한다기에 나는 이번 기회에 불교와 인연을 끊고 기독교로 개종하도록 권유하면서 아들에게서 되돌려 받은 1억 원도 돌려주라고 했는데, 2개월 후 귀국해서 보니 미국에서 아예 세례까지 받고 열렬한 기독교 신자가 되어 현재 열심히 신앙생활을 하고 있다. 매우 믿음직스러운 성도가 된 것이다.

최경일 친구에게 썩 잘 어울릴 것 같은 기독교 권사님을 초등학교 여자 동창생의 소개로 몇 번을 만났음에도 아직 미완의 상태가 지속되고 있다는 전언에 따라 내 차로 전주에서 김 권사님을 모시고 아내와 초등학교 여자 동창과 함께 순창 팔덕면 소재 한우 농장으로 모시고 가 점심 식사 후 때마침 빗방울아 한 방을 씩 떨어지기에 김 권사님과 경일 친구를 남겨두고 우리 셋은 전주로 도망치듯 빗속을 질주했다.

　예전부터 서로 간에 마음의 끈은 이어져 가고 있었으나 활화산 같은 열정 부족으로 서로의 마음만을 조이던 터였던지라 우리들의 공작(?)이 주효해 남편과 사별하고 30여 년 넘게 혼자서 열심히 살아오신 김 권사님과 경일 친구가 혼연일체가 되어 오순도순 사는 모습이 한 쌍의 원앙이 새롭게 탄생한 것이다.

　섬진강 변 자락에 자리 잡은 순창군 풍산면 향가리는 나의 외갓집이다. 어릴 적 어머니께서 얼굴도 모르는 외할아버지와 외할머니 기일 때 쌀이나 보리 3-4 됫박을 머리에 이고 나는 계란 한 줄(10개)을 들고 어머니 따라서 약 6km를 걷다 보면 향가리 앞 섬진강 용소 위 산봉우리에 도착한다.

　바위 위에서 어머니께서는 큰 소리로 조카(재선)를 부르시면 알아듣고 배를 몰고 와서 강을 건너면 외숙모님께서 차려주신 흰 쌀밥과 쇠 고깃국, 돼지고기 등을 배불리 먹었던 그런 추억이 아련하다.

　그런데 지금은 환상적인 유원지로 탈바꿈하여 고급 펜션들이 즐비하고 수상 레포츠 시설을 완벽하게 갖추었고, 섬진강 다리 기둥 위에 자전거 도로를 만들어 낭만이 물씬 풍기는 풍광을 자랑하고 있다.

일본제국주의 시절 곡창지대인 호남지방의 곡물을 일본으로 반출시킬 목적으로 계획되어 있는 전북 남원 금지에서 전남 담양 금성면 간 철로가 폐지돼 자동차 길로 바뀌고, 향가리 굴(기차 터널)은 내부에 전기시설을 하여 뛰어난 관광 명소로 세간의 이목을 끌고 있다.

나는 여러 차례에 걸쳐 향가리 외갓집을 담 넘어보고, 들어가 보기도 했으나 2024년 4월 26일 방문 때에는 외갓집을 카메라에 담아 왔다.

전주의 친구들과 함께 기안 CC(곡성군 입면 소재)에서 골프를 하면서 우리의 6대조와 7대조 조부모님의 산소 옆에 모셔진 아버지 4형제 간의 묘소를 바라보며 그쪽을 향해 공을 날리며 라운딩을 즐기는 것도 조상님 곁에 있다는 포근함과 함께 행복감을 느낀다. 끝

2. 내 고향 마을의 수호신, 우뚝 선 '큰 말랭이'

우리 고향 마을인 방동리는 대강면에서는 규모가 제일 크고 가구는 144호로 시골 마을치고는 매우 큰 마을이다. 또 대강면의 인구는 8,000여 명으로 금지면에 이어 두 번째로 많고 크다.

나는 초등학교 입학 전 나중에 알았지만 6.25 전쟁이 나자 우리 마을 같은 골목길 끝자락에 두부 만드는 집이 있다. 그런데 내 기억으로 두부집 큰 며느리가 아마도 마을 여성동맹女盟 위원장을 맡아 팔에 완장을 차고 다니면서 휴전 때까지 마을 주민들에게 온갖 패악을 저지른 것으로 기억된다.

매일 밤 동각(마을 정자)에 어린아이들을 모아 놓고 김일성 장군 노래를 계속해서 가르쳐 주었는데 지금도 그 가사가 뇌리에 박혀 있을 정도로 생생하다.

'장백산 줄기줄기 피어린 자욱',,,,,등을

저녁마다 외우라고 하면서 손벽 치며 목이 터지도록 불렀던 기억이 생생하다. 그런데 그 위에는 큰 몰랑(말랭이)이라고 하는 동산이 우뚝 솟아 있다.

이 말랭이는 6.25 전쟁 중 비행기 공습이 예고되면 우리 마을 당골이 그 위에 올라가 불을 끄라고 크게 외쳤던 곳이며 적 비행기 공습경보도 육성으로 알려주던 곳이기도 하다.

초등학교 입학 후에는 매일 아침에 '방동 1구 모여라!' 하며 학생들의 집합 장소이자 놀이터이다. 짚 다발을 엉덩이에 대고 미끄럼을 타고 놀았던 추억이 서려 있는 자그마한 동산으로 이 동산 위에 올라가면 우리 마을이 한눈에 다 들어오는 전망대이자 이 마을의 수호신이기도 하다.

중학교 1학년 때 여름 방학이 끝날 무렵 유종희 선생님 부인께서 신장병으로 작고하시고 젖먹이 딸을 안고 3학년 여학생과 남학생 등 10여 명이 이 큰 말랭이에 올라와 밝은 달을 쳐다보면서 '가는 봄 오는 봄' 주제의 가사가 왜 그렇게도 슬펐는지 지금도 그 장면을 떠올리면 가슴이 먹먹하고 아려 온다.

유종희 선생님께서는 떡 아기를 가슴에 안고 '하늘마저 울던 그 밤에 어머님을 이별하고 원한에 삼 년 세월 눈물 속에,,,,,,, 노래를 부르시며 두 눈에 눈물을 주르르 흘리시며 눈물로 범벅이 되신 모습을 우리 학생들도 말없이 선생님을 바라보며 함께 울었던 기억이 새롭다.

이 큰 말랭이 바로 밑에 샘이 있는데 이 샘을 통샘이라고 한다. 그런데 군에서 제대하고 와 보니 마을 앞의 그렇게 시원 물이 콸콸 솟아난 큰 샘도, 통 샘도 없어지는 걸 보면서 가히 세상도 세상의 욕망도 모두 다 지나가는 것이구나! 라고 여겨지니 가슴 한쪽이 허해지는 것 같았다.

내 고향 방동리를 완전히 떠난 것은 1962년 3월 전주로 고등학교 진학하면서 이기에 올해 63년째가 된다. 그간 몇 차례 내가 살던 집에 가보았으나 한 번도 집주인을 보지 못해 누가 집 주인지를 모르나 문패만 볼 수 있다. 왜냐하면 갈 때마다 현재의 주인을 만날 수가 없었다.

특히 우리 집에서 3남 1여가 태어나 자라서 외지로 나가 살고 있으나 이 집에서 전 세계 제1위 대학교인 영국 옥스퍼드 대학교 국제 관계학 교수(박상훈-장조카 성근의 장남, 우리 아버지의 증손자)가 배출된 곳이기에 이보다 더 큰 영광이 어디에 있으랴! 자랑스러운 방동(房洞)이 아닌가 말이다!

가장 최근의 일로 우리 아파트에 함께 사는 이덕호 교장 부부와 작년 여름에 고향 나의 태자리를 가보았으나 역시 집주인이 없었고, 2023년 8월 20일 미국 샌프란시스코에서 의사로 재직하다 정년퇴직한 장조카(성근. 권경복) 부부와 같이 우리 집에 가보았는데 역시 주인이 없어 매우 서운했다.

큰 조카와 큰 질부는 마을 골목길을 샅샅이 살펴보면서 그 옛날 추억을 더듬고 싶었는지 세세히 따져도 보면서 감회에 젖어 발걸음이 무겁게 느껴지는가 보다.

그러나 아버지와 어머니는 먼 하늘나라로 여행 떠나시고 자기들도 70여 성상에 이르도록 외지와 외국에 나가 살다가 정년퇴직을 하고 고향 집에 와보니 감회가 새로워 가벼운 발걸음을 뗄 수가 없었나 보다.

골목골목을 지나 마을 한 바퀴를 돌아본 후 큰 말랭이를 혼자서 뛰어 올라가 보았다. 이게 웬일이야! 그 옛날에는 제법 높다고 여겨졌는데 단숨에 뛰어오르다니 감회가 새롭기만 하다.

하기야 큰 조카와 질부는 자기들이 의과대학 졸업 후 질부는 강릉 의료원과 삼척 의료원에서 근무하고 큰 조카는 강릉 인근의 군부대 군의관으로 복무한 바 있기에 이번에 귀국하여 강릉을 방문해 자기들이 세 들어 살았던 집이며 겪었던 생활의 발자취를 되짚어 보면서 호기심과 회한이 교차 되어 감회가 새롭다고 했다.

이와 같은 고향에 얽힌 사연들을 들추어 보면 마을 앞에 우뚝 서서 버티고 있는 큰 말랭이는 바람 따라 세월 따라 모든 것이 흐르듯 세상도, 세상의 욕망도 흘러가는 것을 증언하고 있기에 누가 인생이 혹여 의심스럽거든 저 '큰 말랭이'에게 물어보라고 주문해 보고 싶다.

3. 섬진강아, 고리봉아 말 좀 해 보렴!

내 고향, 남원시 대강면 방동리는 천년, 아니 수만 년을 변함 없이 넓은 땅 방떠리 뜨락을 휘저어 쉼 없이 흐르는 섬진강 물은 예나 지금이나 변함이 없으나 농경문화에서 산업화 시대를 거치면서 사람들의 명멸이 수없이 이루어지고 있어 너무도 변화무쌍한 세상의 소용돌이가 맴돌고 있는듯하다.

내가 초등학교(국민학교) 1년 때만 해도 전교생이 1,300여 명으로 6.25 전쟁을 겪고 난 후라서 이따금 씩 적기 공습에 대비, 방공호에 드나들 때면 가히 개미 떼처럼 학생들이 많았었다.

그러나 2024년부터는 대강 초등학교 전교생이 25명이라서 금지, 송동, 수지, 대강면 등 4개 면을 통폐합해 학교를 운영하고 아울러 중학교까지도 4개 면을 통합해 학사 운영을 한다니 참으로 민망하고 세월이 하 수상함을 통탄하는 바이다.

초등학교 동창생 98명이 졸업했는데 벌써 40여 명이 유명을 달리했고, 내가 대강 중학교에 입학했을 때 1학년 학생이 43명(대강 초졸 40, 입면초 3명)으로 대강 중학교 개교이래 한 학급 수가 가장 많았다며 당시 김세원 교장 선생님께서 우리를 얼마나 소중히 여기셨는지 지금도 기억이 생생하다.

어릴 적 섬진강에서 물장구치며 멱감고 여름철엔 피라미 낚시를 위해 낮에 돌에 붙어 있는 미끼를 많이 모았다가 달 밝은 여름밤을 세워가며 피라미를 낚아 올리고, 낮에는 모래밭에 숨어있는 모래무지를 발로 밟아 잡던 추억들이 지평선에 피어오른 아지랑이 되어 아른거린다.

섬진강 물은 하천의 범람으로 우리 전북지역 땅들을 수없이 할퀴고 빼앗아다가 전남지역 땅으로 바꾸어 놓은 역할을 수없이 반복한 것이 섬진강이다. 그중에 우리 무 밭떼기 500여 평도 섬진강물이 할퀴어 도적질해 갔다. 이러한 현상들을 저 목

석같은 고리봉아! 말없이 유유히 흐르는 섬진강아! 너는 모든 걸 다 알고 있으련만 어찌하여 꿀 먹은 벙어리가 되었단 말이냐 제발 말 좀 해줄 수 없겠니?

내 나이 벌써 80평 생에 접어들어 고향 땅을 밟을 때마다 노년기의 영적 성장을 방해하는 낡은 옷이 덕지덕지 나를 휘감고 있다고 생각하니 거추장스럽다는 생각도 잠시 이런 낡은 옷을 벗어버리고 새 옷으로 갈아입기란 얼마나 번거롭고 혼란스러운 일일까? 그러나 노년기를 맞는 나는 이러한 혼돈을 평화로 이해야 한다고 생각해 본다.

유. 소년기를 회상하며 우리 앞에 만일 젊음의 샘이 있다면 그것은 분명히 마음속에 있을 것이라고 확신한다. 젊음의 샘은 우리가 세상을 어떻게 인식하고 생각하며 어떤 느낌을 갖고, 또 어떤 결정을 내리며 어떻게 행동하느냐에 따라 젊음의 생명수를 내뿜기도 하고 고요히 잠들기도 하리라고 여겨진다.

이제 와 생각해 보면 과거는 무효화 된 수표와 같고, 미래는 누구에게나 보장된 것은 아니기에 우리에게 있는 유일한 것은 바로 '지금'이라고 심리학자 웨인 다이어가 일찍이 간파했다는 것을 우리는 곰곰이 곱씹으며 의미를 되새겨 볼 필요가 있다고 생각된다.

섬진강이 범람하면 온갖 생필품이며, 소, 돼지, 말 등이 떠내려가는 현상을 물끄러미 쳐다보면서 철부지 어린이로 한결 재미있게(?) 즐겼는지도 모른다는 생각이 불현듯 들기도 한다.

고리봉과 차일봉의 아흔아홉 골짜기의 맑은 물이 한곳으로 모인다는 약수암 앞 골짜기에서 초, 중등학교 시절이나 대학 또는 성인이 된 후에도 이따금 씩 찾아 큰골 맑은 물에 발 담그고 이야기 꽃피우던 시절이 바로 엊그제 같은데, 이제 서쪽 하늘에 붉게 익어가는 노을이 그리 상서롭다고 생각을 할 수 없을 것만 같다는 생각도 든다.

그나마 다행인 것은 초등학교 동창인 김형찬, 최경일, 박종선, 박천용, 임영춘, 임흥규, 등 6명의 부부가 1년에 1회씩 남원에서 만나 1박 2일의 정담을 나누고 있으나 이제 노구를 이끌고 연 1회 만남도 버겁다는 말이 나올 정도이니 우리 대중가요 중 "고장 난 벽시계는 멈추었는데 저 세월은 고장도 없다"는 가사의 의미가 심금을 파고드니 조금은 서글퍼진다.

우리의 시간은 세월이 다 달아가는 연필심 같아 세월의 바지자락이라도 붙잡고 싶은 심정이다.

사람은 세월 속에서 살고 있으니 생자필멸生者必滅이요 회자정리會者定離라 했다. 즉 한 번 태어난 사람은 반드시 죽기 마련이고, 한번 만난 사람은 헤어지기 마련이다. 이토록 만남이 곧

이별이요 이별이 곧 만남이기에 인간관계 자체가 고귀하다는 것이다.

특히 인간이 고귀하다는 것은 죽음이 있기 때문이라고 한다. 인간이 고귀한 것은 인간은 하느님의 모상模相이니 사람은 하느님의 모습을 닮았기에 사람이 곧 하느님이란 뜻이다.

이 같은 예는 법정 스님의 '하늘 냄새'라는 시詩에서도 찾아볼 수 있는데, "사람이 하늘처럼 맑아 보일 때가 있다. 그때 나는 그 사람에게서 하늘 냄새를 맡는다. 사람 한데서 하늘 냄새를 맡아본 적이 있는가? 스스로 하늘 냄새를 맡아본 적이 있는가? 스스로 하늘 냄새를 지닌 사람만이 그런 냄새를 맡을 수 있을 것이다."라고 한데서도 인간의 고귀함을 엿볼 수 있다.

제2장 친구는 또 하나의 인생이다

 '친구'란 국어사전에 의하면 친하게 사귀는 벗, 친우, 친고親故로 돼 있다. 그래서 친구는 옛친구가 좋고, 옷은 새 옷이 좋다고 한다. 친구라는 말 자체만으로 영원히 잊을 수 없는 관계어關係語가 아닐 수 없다.

 우리가 친구로서 영원히 살아가기 위해서는 '겸손'과 '배려'가 절대적이라고 여겨진다. 친구와 친구 사이에 서로가 겸손해지면 마음속 분노와 질투는 저절로 사라지기에 이 두 개의 단어가 필수적이라고 생각한다.

 겸손(Huminitas)의 어원은 '땅'(Hmus) 곧 '흙'과 같은 뜻이다. 땅처럼 모든 이를 받쳐주고 품어주는 큰마음의 사람이어야 하고, 살아있는 꽃이 향기를 내고 깨어있는 삶이 아름답고 향기를 품어 내는 것처럼 하늘이 내려주신 사랑을 서로 나누는 그런 사람이 되어야 한다는 것이다.

배려配慮는 모든 것을 나 아닌 상대방을 위해 헌신하는 마음의 자세라고 할 수 있다는 점을 항상 염두에 두고 사귐을 해 나가야 한다고 확신한다.

1. 소꼽쟁이 친구와 초. 중. 고등학교 시절의 친구 이야기

관계 안에서 이루어지는 친구는 소꼽쟁이 친구부터 시작된다. 한 동네에서 동고동락하던 진차욱, 김성호, 최경일, 진금하, 진병업 그리고 나의 사촌인 박종술 등은 초. 중학교를 함께 다녔기에 누구보다도 친한 사이인데 머가 그리 바쁜지 내 사촌 동생 종술이는 3년 전에 하늘나라로 머나먼 여행을 떠났으니 애석하기 그지없다.

초등학교와 중학교 때 1.2.3등을 서로 다투던 나와 박천용, 최경일 중 박천용은 고교까지 동기생이니 여간 깊은 친구가 아닐 수 없다. 초등학교 졸업 때는 내가 1등을 하여 남원 교육감상을 받았고, 중학교 졸업 때는 박천용이 1등으로 전라북도 지사 상을 받은 친구들이다.

박천용과는 공직 생활 때도 자주 만나고 정년퇴직 후에도 자주 만나 형제간처럼 지내고 있으나 out of site out of mind 라 했나? 떨어져 살고 있으니 멀어져 가고 있다는 생각을 떨쳐 버릴 수가 없다.

내가 금암동에서 전세살이할 때 우리 집에서 박천용과 함께 얼마나 술을 마셨는지 큰아들 민준이를 앉고 지나가다 남의 집 유리 창문을 두드려 매우 곤혹스러웠고 집에 도착해서도 정신을 잃어 여간 고통스러웠다는 말을 민준이 엄마에게서 들었을 때가 엊그제 같은데, 80 고개를 넘고 있으니 어찌 세월이 무상하다고 하지 않을 수 없다.

초등학교 동창 중 회장 김형찬 부부 등 여섯 부부가 1년 1회씩 남원에서 만나고 있는데, 2024.4월 25일부터 4월 26일간 만남에서 서로가 이제 많이 만나면 앞으로 10년 정도인데 우리 아프지 말고 건강하게 살자고 다짐은 했으나 인생사 한 치 앞도 예측이 불가하니 또 모를 일이 아닌가 말이다.

이번 만남(2024.4.25.-4.26)은 우리가 매년 만났던 남원 요천변에 위치한 메이드 호텔에서 화투짝으로 20을 맞추어 먹는 (100원짜리 동전) 게임이며, 다음 날 순창군 풍산면 섬진강 자락의 향가리 자전거 다리 위 정자에서 옛날의 추억담을 나누며, 먼 훗날에 남겨질 이야기를 흠뻑 나누며 1박 2일간의 만남을 순창의 낙지집에서 오찬을 끝으로 마무리했다. 내년을 기약하면서 말이다.

특히 나는 최경일 친구와는 구례 화엄사, 여수 나들이, 남해도 보리암, 남해도 일주는 물론 삼천포대교를 넘어 사천항을 거쳐 순천만 등을 두루 돌아다니며 함께 즐거운 여행 동반자로 지내면서 우리 서로 저세상으로 갈 때 불러주면 단숨에 달려와 손잡아주기로 약속하는 도원결의도 해 보았다. 경일이 친구가 2022년 7월 그의 제2의 고향이나 다름없는 대전으로 이주하면서 우리의 만남이 조금은 소홀해 진듯하여 안타까움으로 남는다.

고등학교에서는 나와 이OO, 김OO, 김OO, 박OO 등 5명이 무척 친해 한 어머니에서 출생한 아들처럼 친하게 지냈다. 1965년 초 이내연 친구의 군대 입대 직전에 나와 내연이 이모님 딸과 전주교대 친구(여학생), 김승원 등 6명이 운암댐에서 놀고 집에 올 때가 한밤중이라서 걸어서 전주로 오던 중 길을 잃고 헤매다가 어느 파출소에 들어가 도움을 청했던 일이 주마등처럼 아른거린다.

박동영 친구는 고교 3학년 때 혼인하여 우리와는 차원 다른 고교생활을 마치고 전북대 농대 농업경제학과에 진학해 매우 친하게 지냈으나 1980년 5월 초 교통사고로 사망했는데 공교롭게도 이내연 친구가 김제 경찰서 수사계장 재직 시 부안의 사고 현장까지 달려가 모든 사후 조치를 하는 등 친구의 마지막 가는 길을 이렇게 맞이했으니 인생사의 야릇함을 느끼게 한다.

이렇게 친한 사이라 해도 어느 순간, 사소한 일로 인해 갑자기 멀어진 친구가 있어 안타깝기 그지없다. 이러한 사례가 김00이다. 김00 부인의 오해와 막말로 인해 77회에서도 빠지고 김00은 멀어진 친구가 되었다.

나는 여기에서 이솝 우화의 한 토막을 되새겨 보고자 한다. 하루는 배불리 점심을 먹은 이리 한 마리가 들판을 거닐다가 ¥(양) 한 마리를 만났다. 기겁을 한 양은 그 자리에 쓰러져 정신을 잃고 말았다.

배가 부른 이리는 양을 잡아먹을 생각이 없었다. 그래서 이리는 양에게 바른 소리를 세 가지만 하면 잡아먹지 않겠다고 말했다. 이 말을 들은 양은 간신히 정신을 차리고 잠시 생각을 하다가 이야기를 시작했다.

"길을 가다가 나쁜 이리를 만나지 않았으면 하오"
"그럼 나머지 두 가지는"?
"둘째는 이리를 만나더라도 눈먼 이리를 만났으면 하오"
"그럼 셋째는"?
"이리는 언제나 우리를 잡아먹으려 합니다. 그래서 하느님께 빌어 이리를 모두 없애주었으면 합니다" 이 말을 들은 이리는 자기 앞에서 두려워하지 않고 할 말을 다 하는 양의 말에 감동을 받았다고 한다.

　우리가 살아가면서 아주 사소한 작은 것이 삶을 힘들게 할 때가 더러 있는 법이다. 목에 걸린 것은 큰 소뼈가 아니라 아주 작은 생선의 가시가 걸려서 힘들게 하는 것이므로 살아가면서 인간관계도 지극히 사소한 것이 큰 오해와 불신을 일으키곤 한다.

　일상에서 아주 사소한 것 같지만, 어떤 말은 상대에게 꿈과 희망을 주기도 하고, 분노와 오해와 절망을 주기도 하기에 우리는 일상생활에서 품위 있는 말을 해야 함은 당연한 이치이다. 품위에 있어 품品 자는 입口 자가 밑에 두 개 있고 위에 하나가 있다. 그래서 입을 잘 놀려야 한다는 의미일 것이다.

　특히 고교 동창생 20여 명이 1977년(고교 졸업 후 15년 후) 77회를 조직하여 현재에 이르고 있는데, 회원 중 최OO, 신OO, 김OO 등 3명이 세상을 떠났고, 잔여 회원들 다수가 서울 등 여타지역으로 이주하여 현재는 이내연, 강성근, 노종환, 박종선, 홍경천 등 6명이 남아 부부간에 월례 회합을 하고 있다.

2. 중1 담임 선생님(98세 생존)의 저서 전북대 도서관에 기증

　2024.6.20. 대강중학교 5회 졸업생 가운데 남학생 박천용

외 4명과 여학생 임맹선 외 2명 등 8명이 중학교 1학년과 3학년 때 담임 선생님이셨던 박기종 선생님(98세)을 대전 유성구 소재 계룡 스파텔에서 모시고 오찬과 함께 우리들의 작은 정성의 뜻을 모아 위로금(20만 원)을 선생님께 드렸다.

선생님께서 32세 때 대강중학교에 오셔서 큰딸을 낳으셨는데, 큰딸이 중국어를 전공, 현재 춘천에서 중국 여행객을 대상으로 가이드를 하고 있으며, 중국 유학원도 함께 경영하고 있다고 하셨다.

세월이 너무 많이 흘렀다! 그러나 현재까지 선생님께서 생존해 계셨기에 우리와 상봉할 수 있어 운명적인 만남이 아닐수 없고, 선생님께서는 올해 98세인데도 66년 전에 담임을 맡으셨던 학생들의 이름을 정확히 기억하시고 우리가 몰랐던 사소한 일까지도 기억하시어 참으로 놀랐다.

선생님께서는 우리가 3학년이 되었을 때 다른 학교로 전근을 할 수 있었으나 "이놈들에게 졸업장을 내 손으로 직접 전달해 주고 떠나겠다"고 하시면서 다른 학교로의 전근을 미루시고 우리를 졸업시킨 그다음 해 이리 동중학교로 전근 가셨다고 하셨다.

선생님께서는 그간 당신께서 쓰신 '서도 소리'를 배우기 위해 초임 교사 발령지로 남원을 고집하셨고, 꾸준히 익히고 배우신 책(나는 서도소리하는 박기종입니다.)을 펴내시어 우리에게 한

권씩 선물로 주셨다.

그러나 그 옛날의 활기차고 굳은 결기는 빛이 바래짐을 느끼게 되니 세월의 무상함을 어찌 탓할 수 있으랴! 마는 참으로 의미 있는 재회의 시간을 맞이할 수 있어 역사에 한 획을 남겨 참으로 흐뭇함을 느낀다.

선생님과 헤어진 뒤 최경일 친구 집(대전 동구 가양동 큰 솔 3차 아파트)에서 8명이 못다 한 이야기들을 쏟아내며 소주와 막걸리로 회포를 풀 수 있어 매우 좋았고, 8명 모두 방 두 개에 나누어 잠을 청해야 했으니 추억의 한 변곡점이 되었다.

선생님께서 우리에게 선물로 주셨던 "나는 서도 소리하는 박기종입니다" 책을 받은 다음 대전의 경일이 친구 집에 두고 왔는데, 2주 후 경일이 친구가 전주에 올 때 가져와 받은 후 그날 밤부터 선생님의 책을 정년퇴직 때까지 읽었고 그다음 날까지 완독했다.

그런데 선생님께서 13세부터 서도 소리에 심취해 있었던 일과 우리나라가 38선으로 갈라지고 선생님께서 휴전선을 넘어 최초로 남한 땅 인천에 당도하니 벌써 인민군이 내려와 무차별 살육전이 벌어지고 있었다고 적혀 있다.

선생님께서 혈혈단신으로 월남해 호구지책을 위해 전투경찰에 투신했고 전투경찰 신분으로 이범석 장군이 설립한 서울 남산 고교 졸업(제1회), 대구까지 남으로 남으로 피난살이, 서울

문리 사범대 입학, 졸업에 이어 오로지 서도 소리를 익히고 배우기 위해 전북 남원을 초임지로 선택해 고생하신 내용을 읽으며 눈물을 연신 쏟아냈다.

나는 책을 토대로 영화 대본처럼 엮어 볼까도 생각해 보았으나 선생님께서 겪으신 일반적인 분야의 기술은 가능할 수 있다고 여겨졌으나 서도 소리에 관한 전문지식이 없는 나로서는 불가항력이라 여겨져 어찌할 도리가 없었으나 써 보고 싶은 마음은 간절하다.

선생님께서는 우리와의 만남 이후 박천용과 나에게 전화하시면서 선생님 댁에서 라면을 끓여 함께 먹고, 차 한 잔이라도 나누자고 여러 차례 전화하시기에 더위가 한풀 꺾이고 찬바람 나면 선생님을 모시겠다고 말씀드렸다.

이렇게 선생님을 처음 만난 이후 자주 전화로 언제 또 만나야 하지 않겠느냐고 말씀하셨기에 올해 같은 혹독한 무더위가 한풀 꺾이면 자리를 마련하겠다고 말씀드렸었고, 우리 대강 중학교 동창 박천용 등 8명(남학생 5명, 여학생 3명)은 2024.10.31. 대전 유성 계룡 스파텔에서 깊어가는 가을 정취를 흠뻑 느끼며 박기종 선생님을 모셨다.

나는 아침 일찍 전주를 출발, 10시 10분경 선생님께서 살고 계신 아파트로 찾아뵙고, 선생님께 큰 절로 인사를 올리고 나서 잠시 생각해 보니, 언제 내가 스승님께 큰절을 했던가? 없었다. 이번이 태어나서 처음이었다.

　남원 향우회 모임 때 은사님 업어 모시는 프로그램에서 내 차례가 되었는데 마침 그곳에 최승범 교수(전북대 국어 국문학과)님께서 대학교 1학년 때 교양과목으로 우리를 가르치셨던 인연으로 최 교수님을 등에 업고 달린 적이 있었다. 그 외엔 전혀 은사님을 모실 기회가 없었다.

　선생님을 모시고 점심 식사 후 커피숍에서 담소하다가 댁에 모셔다드린 뒤 황토밭 길을 걷고 길거리 유성 온천수에 발을 담그며 즐거운 오후 한때를 보냈다.

　10월의 마지막 밤을 유성 온천텔에서 보내고 다음 날 점심 식사를 끝으로 우리 일행은 가을 나들이를 마무리한 후 내년 봄나들이를 약속하고 집에 와서 선생님께서 주신 책(서도소리 명곡 대전)을 보니 내가 소장할 수 있는 책이 아닌 일종의 문화재 감이라 여겨졌다.

　선생님께 전화로 이 책자를 국립 전주 박물관이나 전북 도립 국악원에 기증하여 서도 소리에 관심이 있는 인사들이 활용할 수 있도록 하면 좋겠는데 선생님의 의향은 어떠하시냐고 문의했더니 선생님께서 전주 국가 유산청에 기증함이 좋겠다고 말씀하셨다.

　나는 전북 도립 국악원에 기증을 타진했으나 자기들의 전문 교재가 있어 사양한다는 통보에 따라 전북대 도서관에 문의하니 그런 책자가 없다기에 2024.11.12. 동 책자를 기증하고 나서 선생님께 말씀드렸더니 잘했다고 말씀하셨다.

그런데 선생님께서 책 맨 앞장에 신흠(1566년 조선조 명종 21년-1628년 인조 6년)의 상촌집에 실린 글귀를 손수 써 주셨는데, 그 내용은 이미 내가 알고 있었다.

내용인즉 동오천년노항장곡桐梧千年老恒藏曲 매일생한불매향梅一生寒不賣香 오동나무는 천년이 되어도 항상 곡조를 간직하고, 매화는 일생을 춥게 살아도 향기를 팔지 않는다.

월도천휴여본질月倒千虧餘本質 유경백별우신지柳經百別又新枝: 달은 천 번을 이지러져도 본바탕은 변함이 없고, 버드나무는 백 번을 꺾여도 새 가지가 돋아난다. 는 뜻이다.

선생님께서는 다음날(2024.11.2.) 전화로 책 맨 앞장에 "내가 써준 글귀를 읽어보라고 하시면서 그 뜻이 무엇이냐고 물으셨다" 나는 그 뜻을 모두 설명해드렸더니 잘했다고 말씀하시면서 이글의 본질은 '지조'를 뜻한다고 하셨다. 역시 스승님은 스승님이시다. 당신의 제자가 뜻을 알고 있는지를 확인하시는 걸 보면 스승님은 뭔가 달라도 다른 분이라는 걸 새삼 느꼈다.

3. 대학 시절, 친구 이야기

대학에 입학해 곧바로 박건 친구의 주도하에 덕송회德松會를(덕진동의 푸른 소나무를 뜻함. 박건 등 11명) 조직해 활발한 대학 생활의 중추적인 역할을 다했다고 자부한다.

우리 덕송회 회원 일동은 1965년 8월 3일-8월 17일간(2주간) 여름 방학 기간을 이용해 김창식 회원의 형님 친구인 정진호 선생님(전남 소거문도 분교에 근무)의 주선으로 전남 여천군 소거문도에서 2주간 봉사활동을 하면서 팀워크를 다졌다.

낮에는 변소 개량, 동네 청소 및 환경정화 작업에 진력하고 밤에는 야학 지도 등으로 학생들과의 교분이 매우 두텁게 되자 봉사활동 후 소거문도를 떠나려 하니 동네 사람 모두가 전마선 배 타는 곳까지 나와 서로 부둥켜안고 바닷물이 눈물인지 눈물이 바닷물인지 분간할 수 없이 눈물을 보였었다.

가을에 전교생(43명으로 기억)을 전주에 초대키로 하였는데 이러한 사실이 널리 알려지자 각계의 후원(물질 포함)으로 1965년 10월 초 전교생을 전주에 초대하여(2박 3일) 전주 공단의 전주제지와 삼양사 전주 공장, 전북일보사, 도. 시청 등 각 관공서 등을 견학시켜 준 바 있는데, 이와 같은 사실이 당시 전북일보에 대서특필 보도되어 잔잔한 메아리로 오래도록 남았게 되었다.

우리 덕송회 회원 중 전북대 법과대학 학생회장 겸 전북대학교 총학생회장에 우재영, 법학과 대표에 박 건, 전북대 법과

대학 정치학과 대표에 유제환이 맡는 등 당시에 화려한 학교 생활을 했다.

우리 회원 중 신동엽 회원이 사법고시에 합격해 현재까지 군산에서 변호사로 활동하다가 3년 전에 변호사 업무를 접었다고 한다. 후일 우재영 친구는 일약 일양약품 주식회사 대표이사에 올랐으며 새누리당 서울 시의원을 끝으로 야인이 되었다.

우리 덕송회원 중 나를 비롯해 5명이 대학교 4년간 장학생으로 선발되는 영예를 안았고, 박태삼 친구는 경찰간부 후보생으로 임관하여 청와대 경호처 근무에 이어 서울 남부경찰서 수사과장을 역임하였으며 퇴직 후에는 교통관리 공단 이사로 재임하는 등 모두 견실한 역군들이었다고 자부한다.

우리 회원 가운데 김승원, 박 건, 박남규, 박춘근 등 4명이 하늘나라로 여행을 떠났고 김창식 친구가 뇌경색, 박태삼 친구는 근육 무력증 신동엽 친구는 거동 불편으로 3명이 병환 중이어서 심히 걱정스럽고 너무 애절하기도 하기만 하다.

우린 대학 시절부터 박 건, 유제환, 김창식 등 유난히 세 친구 집에서 먹고, 자고, 놀고 친아들처럼 대해주시던 어머님이신데 이제는 먼 옛날의 아득한 일이 되고 말았으니 세 분 어머님들께 머리 숙여 감사의 말씀을 드릴 따름이다.

대학 졸업 후 박 건 친구는 대한 해운공사에 입사해 우리나라 해상 보험 업무에 탁월한 실력자가 되어 해사 분야 1 인자로 활동하였으나 1997년 IMF 사태를 맞아 퇴직한 후 이 여파로 대장암 판정으로 2003년 4월 아까운 생애를 마쳐 안타깝기 그지없다.

박 건 친구와 나는 고시 공부할 때 박 건 친구의 어머니께서 친아들처럼 대해주시면서 토요일에는 의당 당신 아들과 함께 집으로 오라고 하여 고깃국에 쌀밥을 해주시던 분으로 평생, 잊지 못할 분이신데, 아들이 먼저 저세상으로 가고 나니 연락이 끊겨 어머니께서 작고하신 줄도 모른 패륜아가 된 것이다.

어머니께서 생존해 계실 때 내가 전주에서 근무한 관계로 추석과 설날에는 내가 손수 용돈도 드리고 세배도 하였으나 막상 박 건 친구 사망 이후에는 모든 연락이 두절 되어 남남이 된 것이 참으로 아쉽기만 하다.

우리가 R.O.T.C로 군 복무 후 동기생 우재영, 유제환, 박종선, 박 건, 김창식 등 5명이 부안 동진면 우재영 집에서 10여 일을 우재영 어머니께서 해주신 밥을 먹어가며 놀았던 일도 한줄기 연기되어 허공에 흩어지고 말았다.

4. 땅을 함께 매입한 친구 이야기

1986년 4월 중순 토요일 오후에 R.O.T.C 동기생 두OO 친구로(전북 경찰국 상황실장)부터 내게 전화로 양OO 등 세 명이 전주시 여의동 소재 밭 1,072평을 함께 매입해 노후 자금으로 활용하자고 제의해 왔다.

　그때 나는 자금 조달 여력이 곤란해 싫다고 하니 양OO 친구가 은행 대출까지 주선하겠다면서 무조건 함께하자는 제의를 거절하지 못해 동의는 하였으나 은행 대출은 싫어서 막내 처남에게 100평을 떼어주기로 하고 나와 두OO, 양OO 등 3명이 매입하여 공동 지분등기를 했다.

　세 사람 중 두OO은 2005년 9월 말 사망하여 부인 명의로 참여해 관리해 오다가 2006년부터는 양OO과 내가 직영키로 하고 콩을 심었다. 그런데 콩을 심은 후 싹이 나오자마자 까치 등 새들이 싹을 끊어 먹어버렸기에 다시 심고 그 위에 농약 한 스푼씩을 올려놓는 촌극을 벌였다.

　그렇게 사이가 좋은 친구 사이에 틈새가 벌어지기 시작했다. 양OO 친구가 옥수수를 심었는데 싹이 올라오자 나는 풀로 알고 모두 뽑아 버리자 나에게 *도 모른 놈이 옥수수를 뽑아냈다고 욕설을 퍼붓기에 내가 몰라서 한 행위를 사과했다.

　콩밭에 풀을 매기 위해 일을 함께하자고 하나 일요일에는 나는 성당에 가기 때문에 할 수 없어 아주머니 2명을 1인당 10만 원과 점심 제공 조건으로 투입했는데, 양OO이 갑자기 밭으로 쫓아와 나에게 "네가 돈이 많으면 얼마나 많냐? 나보다 돈이 더 많으냐?" 하면서 고함을 치자 내 아내가 왜 그러냐고 묻자마자 내 아내(루시아)에게 삿대질을 하기에 너 미쳤구나! 하니 그래! 나 미쳤다며 고래고래 고함을 쳤다.

 옆에 있던 아주머니들이 양OO에게 당신은 뭐가 그리도 잘났습니까? 우리가 일당을 받고 일하는데 왜 그렇게 무시하느냐며 소리를 지르자 이제는 양OO 친구와 아주머니들과 고성이 오가는 등 싸움이 벌어졌다.

 후일 콩 타작을 하는데 자기 혼자서 콩 타작기를 빌려와 타작했는데 타작기에서 튀겨져 나간 콩을 나더러 낱알을 주어라고 하자 나는 두 조각이 났고 오래되어 먹지도 못한다고 하자 새끼 등 또 마구 거친 욕을 퍼붓는다.

 특히 1,072평 가운데 약 40여 평은 검은콩을 심었는데 이 콩은 타작 시기가 일반 메주콩보다 늦기에 그것은 내 돈을 들여 타작하겠다고 두OO 부인에게 말했더니 양OO이 두OO 부인에게 그놈이 수확해서 자기 혼자 독식할 놈이라고 했다니 사람이 이렇게 변할 수가 있나? 싶었다.

 콩 농사 1년 후 우리 밭 1,072평 중 77평이 도로에 편입되자 보상을 받기 위해(3인이 함께 도장을 찍어 주어야 함) 세 식구가 덕진구청에서 만나 이전 절차를 마쳤다.

 현관으로 나와 잠시 앉아 있는데 내 아내가 양OO 친구에게

"윤정이 아빠! 우리 콩 한 알도 맛을 보지 못했는데 수확량이 얼마냐고" 묻자 거기에서도 내 아내에게 삿대질하면서 정인이 엄마가 얼마나 일했느냐고 고함을 치는 것이다.

아니 친구인 내게 하는 삿대질은 좋다고 한다 해도 친구 부인에게 까지 삿대질하는 행위를 보면 분명히 사람이 변했다. 우리 속담에 사람이 죽을 때가 되면 마음이 변한다 했는데, 2년 후 저세상으로 떠나고 말았다.

동 토지를 팔 때도 자기 혼자서 모두 처리하기에 나는 보고만 있었는데, 수목을 분리해야 함에도 하지 않아 양도 소득세로 1인당 2,500여만 원을 부담해야 했다.

이와 같은 일을 당하고 보니 아무리 친한 친구 간이라도 합자하면 끝이 좋지 않고 사귐이 없었던 것만도 못하다는 교훈을 실감했다.

5. 사회생활에서 만난 친구 이야기

나는 현직에 있을 때 많은 모임을 만들어 21개의 모임체 회장을 맡은 적도 있어 어느 때는 1개월 내내 저녁 식사를 집에서 하지 못한 적도 있어 아내는 나더러 서울대학교 모임과 출신이라고 놀려댈 정도였다.

특히 전북도 정무부지사(채00)의 요청으로 내가 주도해 결성한 '대한민국 R.O.T.C 녹색 동우회'에는 전북도 정무부지사(채00)를 비롯해 육군 제9군단장(육군 중장 조00), 전북지방경찰청장(하00), 전주지검 군산 지청장(추00), 안기부 전북지부장(서00) 등 도 단위道 單位 기관장과 전북도 보사국장(이00), 총경(두00 등) 4명, 경정 3명과 사업체 사장 등 총 64명까지 확장된 모임체로 발전하였다.

나는 녹색 동우회 회장을 1996년 창립해 2008년 11월까지 맡고 있었는데, 동회에 전북도 단위 기관장들이 떠나고 나니 일반기업체 사장들도 풍선에 바람 빠지듯이 빠져나가 명맥만 유지하다가 2009년 해체했다.

기관장들이 있을 때는 무언가 기대감이 있어 입회했다고 여겨졌으나 기관장들이 없으니 별 볼일이 없기에 떠난 것으로 추정되기에 인심은 조석변개朝夕變改라는 말을 실감할 수 있었다.

동갑 모임인 칠구회는 도. 시의원(정치인 출신)들이 대거 참여해(26명) 1995년 창립했는데, 결국은 정치인들의 내부 분란과 회원들의 사망으로 인해 대폭 축소돼 현재는 5명이 월례 모임을 하고 있다.

그 외에 여러 모임을 보면 무엇보다 진실성이 부족하고 서로서로 애정이 결핍된듯하여 신뢰심이 점차 떨어져 지속되기 어렵고, 서로서로 마음을 터놓고 살아갈 수 있는 여건이 성숙되지 않기에 사회에서 만난 친구 간은 사상누각에 불가하다는 생각을 좀처럼 떨쳐 버릴 수가 없다.

신앙인으로 활동하면서 만난 친구들도 극소수를 제외하면 역시 마찬가지라는 생각이 지배적인데 참다운 사랑 안에서 예수님과 함께한 사랑의 공동체가 아니었던가? 라는 의문이 들기도 한다.

특히 진정한 친구란 괴로울 때나 어려울 때 함께 토로할 수 있고 갑자기 전화하거나 찾아볼 수도 있으며, 자기가 발견하지 못하는 성격의 단점을 고쳐 줄 수 있는 사람이어야 한다.

결국 친구 간의 우정도 함께 있는 것만으로 완성되지 않고 고통까지 함께 느낄 수 있어야 오래오래 우정이 이어질 것이라 확신한다. 따라서 모든 인간관계는 제아무리 일방적인 것처럼 보일지라도 상호 필요를 바탕으로 이루어지기 마련이기에 가장 바람직한 자아에 접근하기 위해서는 사랑하는 사람이 필요한 것이다.

공자는 주식형제천개유酒食兄弟千個有 급난지붕일개무急難之朋一個無라 했다. 이는 술 마실 때 형 동생 하는 친구는 많아도 급하고 어려울 때 도움 주는 친구는 하나도 없다는 뜻이다.

그 누군가 말했듯이 내가 죽었을 때 술 한잔 따라주며 눈물을 흘려줄 그런 친구가 과연 몇 명이 있을까? 잠시 쉬었다 가는 인생 어쩌면 사랑하는 인연보다 더 소중한 사람이 노년의 친구가 아닐까? 싶다.

그런데 그렇게 다정하다고 여겨졌던 이름들을 전화번호부에 등록하고 가깝게 지내던 친구의 이름도 하나둘씩 지워져 가고 누군지 알듯 모를듯한 이름은 하나둘씩 지워지고 있다.

팔순을 맞아보니 이렇게 허무하다는 생각을 떨쳐버릴 수가 없고, 야속한 세월은 이렇게도 뒤돌아보지 않고 아쉬운 황혼을 남긴 채 저물어가면서 친구도 하나둘씩 떨어져 나가고 있으니 그 많았던 친구를 어디에서 찾아야 할까? 솔로몬 임금의 말처럼 허무로다! 허무로다!

진정한 친구란 그 사람과 함께 그네에 앉아 한마디 말도 없이 시간을 보낸 후 헤어졌을 때, 마치 당신의 인생에서 최고의 대화를 나눈 것 같은 느낌을 주는 사람이라고 하고, 또 옛 경전에는 '진정한 친구'를 '붕朋'이라고 표현하고 있다. 붕朋은 '우友'하고는 다르다. "진정한 벗인 '붕'이 되려면, 첫째 나이를 따지지 않고(長), 둘째 직업의 귀천을 따지지 않으며(貴), 셋째 집안의 배경을 따지지 않아야 한다는 것이다."

친구에 담긴 말을 곰곰이 생각해 보면 평범하게 매우 친한 친구 사이를 관포지교管鮑之交 또는 금란지교金蘭之交라 하고 임금과 신하 간의 친밀감 있는 사이를 수어지교水魚之交라 하며,

생사를 함께할 만큼(전쟁터에서) 친한 사이를 문경지교_{刎頸之交}라고 하니 이 세 가지를 겸비한 친구는 영원한 친구일 것이며 한 번 태어나 친구를 맺었다면 당연히 이렇게 살아야 할 것이다.

제3장 단상斷想

1. 고슴도치 섬 위도 탐방

바다낚시에 심취해 있던 터라 1981년부터 매년 여름 휴가 기간을 이용해 우리 낚시 3형제(김영진, 김영배와 나) 부부는 매년 배를 빌려 완도를 중심으로 청산도, 대모도, 소모도, 보길도, 모항도, 생일도, 금일도, 신지도, 보길도 등을 두루 다니며 바다낚시를 즐겼다.

1993.10.12. 가을 휴가를 이용해 완도로 바다낚시를 하러 갔는데, 10.13일 아침 해가 온 세상을 삼킬 듯이 떠오를 때 아마도 콜럼부스가 항해할 때 이런 태양이 떠올랐을까? 하는 생

각도 해봤다.

해뜨기 전 1시간 전쯤이면 쉴 틈조차도 없이 수많은 물고기가 주렁주렁 매달려 올라올 때면 정신 차릴 수가 없이 바쁘다. 그런데 10시 20분경 사무실에서 위도와 격포를 오가는 정기 연락선이 전복돼 많은 인사사고가 발생했다는 전언이었으나 연신 낚시에 심취했었다.

조금 후 사무실로 복귀해야 한다는 말에 부랴부랴 하선해 택시를 잡아타고 오후 4시경 사무실에 도착했다. 그야말로 엄청난 대형 참사(360명 중 290명이 사망)였기에 보름 동안을 집에도 가지 못한 채 모든 상황처리를 해 본부로부터 위로금과 함께 많은 치하를 받은 바 있다.

사고처리를 하면서 현장의 상황을 요약하면 정광훈 전주시 동물원장은 사고 선박에 오르자 내부가 너무 좁아 숨이 찬다면 자기 아내에게 갑판 위를 가보고 온다고 말을 하고 갑판으로 올라가니 거기는 더욱 서 있을 자리가 없어 내려오는 순간 배가 이미 기울면서 물이 배 안으로 차오르고 있어 아비규환 그 자체였다고 한다.

그 순간 누구인가 의자로 창문을 깨트리자 물이 배 안으로 들이닥쳤다가 물이 쓸려나가면서 정광훈도 함께 배 밖으로 튀겨져 나와 물 위로 올라오니 조그마한 스치로폼이 보여 이것을 붙들고 허우적거리고 때 누군가 정광훈의 오른 발목을 잡기에 이걸 떼어내야 내가 산다는 생각에 발을 힘차게 내동댕이쳤으나 떨어지지 않아 머리카락을 잡고 끌어올려 보니 자기 아내였다고 한다.

그 순간 구조선에서 펼쳐 보낸 구조 장비가 펼쳐지자 힘차게 팔을 저어 가려 해도 다가서지 못하겠는데 너울성 큰 파도가 밀려와 부부를 그 구조물 위로 마치 연잎에 개구리가 앉듯이 올려놓아 살아날 수 있었다고 하니 천우신조가 바로 이것이 아닌가 말이다. 이러한 내용이 취재진에게 알려졌는데, 천주교 신자였다는 사실로 인해 잔잔한 화제가 된 일도 있었다.

이 사고와 관련하여 알게 된 것인데, 우리나라 동해와 서해에는 해류가 있긴 하나 일본과 대마도 사이에 해류가 있을 뿐 조류밖에 없어 24-30여 km 정도의 조류로 인해 다시 우리 해안으로 부유물이 밀려온다는 사실에 근거하여 사고 후 보름만에 할아버지 한 분의 시신을 찾음으로써 사실확인이 되기도 했다.

2019. 8월 초 격포에서 서해 훼리호로 위도에 도착했다. 친구 백진기(전북일보사 편집 국장, 논설위원 역임) 고향 집에 여정을 풀고 섬 일주와 함께 루어 낚시로 낚시를 시도했으나 좀처럼 고기가 잡히지 않아 포기하고 말았다.

친구(백진기)의 집은 마치 동화 속 한 폭의 그림 같은 독립가

옥으로 풍광이 매우 뛰어나 집에서 바닷물을 쳐다보고 있노라면 천상을 향하는 기분에 이르는 착각에 빠질 정도의 명당이라고 여겨진다.

위도 훼리호 전복사고로 인해 수많은 시신을 안치했던 파장금항이 떠올라 그곳을 가보았으나 일렁이는 파도 소리와 갈매기들의 꼭꼭 짖어대는 울음소리 외에 아무 일이 없다는 식으로 시치미를 떼는 듯 무심하게 날고 있었으나 참상 그 자체를 기억해 볼 때 아까운 인명을 앗아갔던 그 날의 비극이 뇌리를 스치니 소름이 끼쳐 왔다.

그리고 위도의 명물(?)이라던 마을버스에 오르니 버스 기사이자 문화 해설사인 그분은 사돈댁의 수저와 젓가락이 몇 개라는 등 그야말로 청산유수처럼 설명하는 걸 보면서 가히 위도의 명물임이 분명하다는 생각이 들었고, 위도에 가서 마을버스를 타지 않으면 가지 않은 것이나 다름없다는 말을 실감할 수 있었다.

특히 위도는 원자력 폐기물(방폐장) 설치와 관련, 2003.8월 초 전국의 많은 데모꾼들이 위도에 몰려와 가히 전쟁터를 방불케 했던 큰 사건이 야기된 곳이기에 우리 전북 도민들의 의식 구조가 왜 이렇게 편향되었고 잘살고 못사는 것이 문제가 아니라 무조건 반대하고 보자는 식의 삶의 방식에 큰 문제가 있다고 여겨지기도 했다.

위도 방폐장이 무산된 후 경북 경주시로 방폐장이 결정되고 본 공사가 시작되자 경주의 개들이 만 원짜리 몇 장씩을 물고 다닐 정도로 돈이 흔해졌다는 말들이 회자 되기도 했다.

경주의 방폐장은 지질 문제로 오래 사용하지도 못할 뿐만 아니라 대규모 방폐장을 또 다른 곳에 다시 건설해야 한다는 정부의 방침이라니 국가백년대계를 전북인들이 앞장서 반대를 위한 반대를 한 결과물이라 생각하니 아직도 우리는 후진국형 도민임을 여실히 증명해 주고 있다는 생각이 든다.

부안군 곰소 앞바다의 침식 및 퇴적의 심화로 1종 항이던 곰소항이 폐지되고 격포항이 1 종항으로 격상되어 좋은 천혜의 조건임에도 인근 상인들의 바가지 횡포가 매우 극심해 관광객들이 격포를 외면하고 있어 상권을 군산항이나 서천항 또는 당진항으로 빼앗기고 있는 것으로 나타나 더욱 안타까운 마음을 금할 수 없다.

옛날부터 '생거生居 부안이요 사거死居 정읍'이란 말처럼 부안은 산자수명山紫水明하고 전 세계 1위인 새만금 방조제, 칠산 바다, 직소 폭포를 비롯한 내소사와 "불멸의 이순신 영화" 촬영지 등 많은 관광 자원이 풍부해 살기 좋은 곳이기도 하다.

2. 내가 반한 소리

   2012년 가을학기 전북대 평생 교육원 아코디언반에 입교했다. 일주일에 하루 2-3시간은 턱없이 연습량이 부족하다고 느껴져 아예 교습소에 등록하고 2017년 6월까지 꾸준히 연주에 주력했다.

   우리 송천동성당 노인대학 학생들을 대상으로 연주하고 함께 즐기는 시간을 갖는다는 것은 그 어디에도 비할 바 없는 즐거움이다. 아코디언 연주와 춤을 추며 사회복지시설에 계신 실버 스타들과 함께 하는 시간은 매우 의미 있는 일이다.

   천주교 전주교구 하랑 봉사단원 6-7명은 매주 월요일 10시부터 11시까지 아코디언으로 동요 2곡, 흘러간 옛 노래 3곡을 연주 후 함께 춤추며 노래하면서 2년을 보낼 즈음 코로나19의 창궐로 인해 모든 활동이 중단된 사상 초유의 사태를 맞이했다.

   이따금씩 초등학교 동창들에게 모바일 폰을 이용해 아코디언 연주를 들려주곤 하는데, 최경일 친구가 곡성군 입면 매산리에 살 때 '갈대의 순정'을 연주로 들려주었더니 여름날 해가 질 무렵 선율에 맞추어 마당을 돌면서 매우 흥겹게 들었다는 소식과 인천에 사는 초등학교 여자 동창생 임맹선에게 전화를 했다.

마침 동창생 4명이 모였다기에 처음으로 '찔레꽃', '울고 넘는 박달재', '비 내리는 호남선', '비 내리는 고모령' 등 4곡을 연주했더니 모두 다 놀라워하면서 잘 들었다는 반응에 아무것도 모른 내가 여자 동창들에게 아코디언 연주를 해줄 수 있다는 데 대한 자부심도 느꼈다.

　나는 초등학교 시절부터 음악, 미술, 체육 등의 책은 사본 적도 없고 예체능 분야는 아예 문외한이다. 어느 정도인가? 하면, 음표가 도. 레. 미. 파. 솔. 라. 시. 도로 올라가는 것처럼 내려올 때도 그 반대로 내려오는 줄 알았던 사람이었으니 말이다. 이런 나도 이제 악보를 보며 연주를 할 수 있다니 나로서는 이런 것이 기적이 아닐까? 라고 여겨지기도 한다.

　그런데 코로나19로 모든 외지 활동이 중단되니 송천동 성당을 비롯해 여의동 성당, 완주군 소양면 소재 성 요셉 동산(천주교 사회복지시설) 등 시설에 수용돼 계시는 어르신들께 즐거운 음률을 선사하고 싶은 마음이 간절하다.

　2023.12.6 우리 성당 레지오 연차 총회 때 4개 팀에서 출전하였는데, 한 팀은 성경 암송, 또 한 팀은 하모니카 연주, 또 다른 팀은 우리 가곡 독창이었다. 나는 아코디언으로 성가 '실로암'과 흘러간 노래 '찔레꽃'을 연주했다.

　우렁찬 박수와 함께 앵콜이 마구 터져 나왔으나 사전에 2곡의 악보만을 준비하였기에 더는 연주할 수가 없이 마쳤는데

이다음에는 예비 악보를 준비해야겠다는 생각이 들었다.
 연주를 마치고 아코디언을 하드 케이스에 넣으려는데 정성만 세례자 요한 주임 신부님께서 하드 케이스를 잡아 주기에 나로서는 황송함이 앞서 빨리 넣으려다 하드 케이스에 걸려 음반 두 개가 깨져버렸다.
 다음날 깨진 악기를 수리하기 위해 익산역에서 KTX를 이용하였는데 악기를 통로에 놓아야 해 다른 승객들에게 미안함을 갖게 되었으나 이 방법 외엔 없고, 수리해서 올 때는 고속버스를 이용했는데 마침 프리미엄 버스라서 편하게 가지고 올 수 있었다.
 도착하자마자 신부님께 카톡으로 자초지종을 알렸더니 '에구머니나! 참으로 수고하셨네요'라고 답을 해와 악기 파손 사고는 해결되었으나 내게 큰 경험이 되었다.

 세상사는 이렇게 마음과 마음이 만나는 곳에서 그 인연의 끈이 끊임없는 연쇄작용을 일으켜 순기능도 하고 역기능도 하는 가운데 한평생을 살아가게 된다. 우리가 마음을 열고 세상을 바라보면 모든 것이 경이롭기만 하다. 이런 눈이 없다면 우리의 삶이 얼마나 삭막하고 팍팍할까?
 항상 마음 안에 나쁜 생각이나 일이 끼어들 틈이 없도록 고운 마음자리에 바른 생각으로 채워져 갈 수 있기를 무한히 바라고 또 그렇게 될 수 있도록 꾸준히 기도하면서 아름다운 세상을 향해 뚜벅뚜벅 걸어가련다.

지상 지고의 마음은 곧바로 우리 마음 안에서 자라나고 있음을 결코 잊어서는 안 된다. 내 안에서 스스로 찾아내 내가 만들고, 스스로 겸손해서 마음속에 분노와 질투가 자리 잡을 수 없도록 온 정성을 다해 사랑으로 승화해 나가야 한다고 다짐해 본다.

건지산을 산책하면서 어느 날 건지산 야외 공연장에서 울려 퍼지는 색다른 악기 소리를 듣고 저것이 무슨 악기인가? 했는데, 그 악기가 오카리나 임을 알았고 그 악기 소리가 나를 유혹하기 시작했다.

그러던 중 2024.7.3. 전주시 평생학습관을 찾아 오카리나 기초반에 입교했고, 나름대로 열심히 연주에 임하고 있으나 2012년 8월에 시작한 아코디언이 매우 어렵다고 했는데, 이 악기 또한 매우 까다로우니 나이가 들어 배우니 손이 말을 잘 듣지 않아 요즘같이 뜨거운 삼복더위 속에 애를 많이 먹고 있다.

앞으로 더욱 열심히 연주에 주력, 금 년을 지나면 어느 정도 경지에 올라 있지 않겠나? 하고 기대하면서 나름대로 연주에 열중하고 있으나 매우 어렵다는 생각이 지배적이나 가끔 아코디언을 함께 연주해 보면서 열심히 노력하고 있다.

3. 우리 국군의 소중함을 알자

 "사나이로 태어나서 할 일도 많다만,,,,,,, 전투와 전투 속에 맺어진 전우야,,, 부모 형제 나를 믿고 단잠을 이룬다." 이글은 군대 생활에서 자주 불리는 활기차고 씩씩한 군가 '진짜 사나이' 일부 내용이다. 이 군가의 가사 속에 담겨 있는 의미를 잘 곱씹어볼 필요가 있다. 대한민국 남자라면 신체적. 정신적으로 특별한 문제가 없으면 군 복무를 해야 한다. 국방의무는 신성한 것이기 때문이다

 언젠가 유튜브에서 비가 억수로 쏟아져 내리고 있는 도로변에 차를 세우고 비를 흠뻑 맞으면서 이동 중인 군 작전 차량을 향해 거수경례하는 미국인을 본 적이 있다. 그때 나는 징병제가 아닌 나라임에도 군인을 향해 존경심을 표시하는 모습에 가슴이 뭉클했었다.

 그런데 우리나라의 현실은 어떠한가. "요즘 군대 좋아졌네!", "이 정도면 거저먹기네" 등 신성한 국방의무를 다하고 있는 이들에게 마음의 상처가 될 말들을 아무렇지도 않게 내뱉는가 하면, 조금만 잘못이라도 하면 "군 바리 **들이 다 그렇지

뭐"하면서 싸잡아 폄훼하는 걸 보면 안타까운 마음과 함께 씁쓸함을 느낀다.

그뿐만이 아니라 '사병복지, 인권 보호' 운운 등 표플리즘 만연으로 우리 군의 근간인 초급장교(R.O.T.C)의 지원율 급감, 육. 해. 공군 사관생도의 중도 퇴교생도 증가, 부사관 부족 사태 등으로 국군 운영에 큰 어려움을 겪고 있다.

우리나라는 세계 어느 나라와는 달리 여전히 휴전상태여서 언제 다시 전쟁이 시작되어도 전혀 이상하지 않은 나라이다. 그러기에 국방의무는 신성한 것이라고 가르쳐 왔고, 또 그렇게 배워 왔다. 그러나 어느 순간부터 뉴스매체들이 '북한이 미사일을 발사했거나 핵실험을 했다'고 보도해도 아무렇지 않게 여기고 있는가 하면, 시큰둥하게 받아넘기려는 경우들이 허다하다.

우리의 동해상에서 한 미일韓 美 日이 합동 군사 훈련을 하는 중에 북한이 탄도미사일을 발사해도 정치권은 자기 밥그릇 챙기기에 분주한 나머지 국회 차원의 대북 규탄 결의안조차 채택하지 않은 것은 물론, 함구로 일관하고 있으며, 대다수 국민은 오불관언吾不關焉적 태도로 일관하고 있어 우리 국민이 국가 안보에 이렇게 무관심함에 아연실색하지 않을 수 없다.

또한 북한은 핵 법제화 조치 이후 '떠다니는 군사기지'라고 하는 미국의 전략자산인 항공모함을 파철破鐵로 규정하고 하룻강아지 범 무서운 줄 모른 채 대한민국 정부를 겁박해도 남의 나라 일로 치부하고 있어 국가안보가 누란의 위기라 하지 않을 수 없다.

특히 북한은 휴전 이후 현재까지 끊임없이 간첩을 남파시켜 북한 고위 간부 탈북민의 증언에 따르면 '북한의 직파 간첩이 15만여 명에 이르고 이들로부터 직. 간접적으로 영향을 받는 국민이 150만여 명이라는 수치까지 제시'하는 것을 보면 국가안보에 큰 위협이 아닐 수 없다.

국정원과 경찰의 합동수사로 드러난 민주노총에 대한 북한의 침투 공작으로 민주 노총은 노동운동 단체가 아니라 정치집단으로써 북한의 나팔수 역할을 하고 있으며 각계각층에 침투해 있는 주사파들의 사회변혁 획책이 암암리에 주도면밀하게 이루어지고 있어 국가안보에 적신호가 아닐 수 없다.

우리 국민 가운데 전쟁을 경험한 세대는 이미 고령화에 이르렀고, MZ세대는 국가안전보장에 대한 사명감이 부족한 현실에서 국토방위의 첨병인 군의 소중함을 일깨워 전후방을 망라한 국가안보의 기틀 확충이 긴요하다.

때로는 군대 내 사건 사고로 인해 때로는 국민에게 실망감을 주기도 하지만, 우리가 한시라도 잊어서는 안 되는 한가지는 이들이 있기에 우리가 있을 수 있다는 사실이다. 우리가 가족, 연인, 친구들과 즐거운 여행이나 오붓한 식사, 때론 소소한 술자리 등을 편하게 가질 수 있다는 것은 이 순간에도 이들이 있어서라는 걸, 그리고 그들은 누군가의 아들딸, 남편이자 아내, 부모라는 사실을 잊지 말아야 한다.

따라서 신성한 국토방위를 수행하고 있는 군인들에 대한 감사와 존경, 응원과 힘을 보태준다면 얼마나 좋을까? 또한 길거리에서 만난 군복 입은 이들에게 수고한다는 응원의 말이나 눈길을 한 번씩만 보내주길 청원해 본다.

나는 54년 전 R.O.T.C 보병 소위로 임관, 광주 보병학교 16주 보수교육을 이수한 후 강원도 철원의 최전방 6사단에 배치되어 FEBA(최전방 제1 저지선)지역 근무 5개월 후 비무장지대 내 GP 장과 남방한계선 철책선을 사수하는 소대장으로 제대 직전까지 소임을 다했다.

철의 삼각지대인 철원은 넓고 비옥한 곡창지대인데다, 북한군의 남하 시 수도 서울까지 2시간 30분이면 도달할 수 있는 중부 전선의 전략 요충이기도 한 매우 중요한 지역이다. 또한 우리 부대가 맡고 있던 지역 내에는 북한 노동당사는 물론 주재소(우리의 경찰관파출소), 병원 등의 6.25 전란으로 부서진 집들의 잔해들이 고스란히 남아 있어 현재에도 그 실상을 볼 수 있는 지역이다.

우리 부대 방어 지역 앞쪽엔 그 유명한 백마고지를 비롯해 발리봉(일명 낙타고지), 무명산 OP, 두루봉 OP, 북한의 오성산 등이 있다. 개성시 뒷산이 풍악산이 보이고 우리 지역 대성산 뒤편에는 북한의 기차가 드나드는 요새가 있어 우리 GP 경계 요원들은 적의 동향을 관찰하고 상부에 보고하는 임무를 빈틈없이 수행해 왔다. 우리 GP와 적 GP 간의 거리는 큰 소리로 말하면 들릴 정도로 가까운 편이다.

적 GP 내에는 적 대남 방송용 스피커가 36개가 장착되어 있어 대남 심리전 방송이 경기도 포천까지 들린다고 하니 이는 남한보다 훨씬 공격적이라는 것으로, 우리의 방송 스피커는 나팔형으로 24km 정도밖에 치고 나가는 것에 비교하면 북한의 스피커는 이른바 숫 마이크로서 100리까지 치고 나가니 이곳에서 경기도 포천시까지 들린다.

적 GP와 교전은 물론 비무장지대 내의 수색조 활동에서 적과의 조우로 인해 피아간의 일촉즉발의 급박한 상황 발생은 비일비재하고, GP의 경계 임무와는 적 대남 침투징후 사전 포착과 우리 요원들의 안전이 최고 요체이자 적을 경계해야 할 제일의 목표이지만 우리 병사들의 가장 큰 숙제이자 어려움 중의 하나는 동절기冬節期와 해빙기 이후 4-6월 초까지 물 확보를 위한 싸움이다.

겨울철에는 눈을 녹여 모든 생활용수를 해결해야 하고, 갈

수기(4월-6월 초)에는 산꼭대기에서부터 차례로 내려가면서 듬성듬성 웅덩이를 판 후 거기에 고인 물을 수저로 퍼담아 모은 다음 식수로 활용해야 하니 여간 큰 난제가 아닐 수 없다.

물이 없는 적군도 마찬가지여서 한번은 그 어딘가에 물이 있다는 곳을 찾아가니 이미 적이 경계병을 배치하고 물을 퍼담고 있어 간담이 서늘해져 물 긷는 것을 포기하고 긴급히 철수한 적도 있다.

나는 GP 장 근무 시절 잊을 수 없는 두 가지가 기억에 남는다. 첫째, 당시 유재흥 청와대 안보 담당 비서관(후일 국방부 장관)께서 GP를 방문하시어 박정희 대통령님의 전후방에서 불철주야 고생하는 국군의 사명이 막중하다는 치하와 함께 장병들에게 많은 선물을 주셨을 때 가슴이 벅차올랐다.

둘째 OOO 제1군 사령관님이 우리 GP를 방문했을 때 나는 사령관님께 적이 땅굴을 파고 있다고 보고하자, 사령관님께서 "무슨 근거로 땅굴을 판단하는가?" 하고 물으시기에 '적 GP 후면에서 폭약이 터질 무렵에 지하에서 폭약이 터지질 때 거의 같은 시각에 폭약이 터짐'을 짐작할 때 땅굴이라고 답변하였다.

그러나 사령관님께서는 믿지 않으셨으나 후일 북한군 귀순 장교 김주성의 증언으로 그것이 철원의 제2 땅굴로 확인되었으며 제가 1976년 1월 16일 K-CIA 직원으로 견학 가서 보니 내가 근무했던 GP 밑으로 땅굴을 파고 내려왔고 우리 군이 파고 내려간 곳이 내가 근무 당시 우물을 파고 식수로 활용했던 곳임을 확인할 수 있었다.

또한 GP 생활 중 잊을 수 없는 일은 대소변 처리인데, 겨울에는 밖에다 퍼내면 문제가 없을 것으로 생각했으나 봄이 되어 GP 쪽으로 남풍이 솔솔 불어오면 지린내와 구린내가 진동했다. 오죽 냄새가 심했으면 김종호 사단장님은 내게, 야! 박 소위는 '똥 소위냐 오줌 소위'냐 하시면서 나무란 적도 있다.

그런 인연이 있는 사단장(김종호 소장)님이 1982년 봄 건설부 장관으로 전주를 방문하여 전라북도 안보 정세 설명회에 참석하였을 때 나는 장관님 앞으로 다가가 "필승 6사단 OOO GP 장 박종선 소위 사단장님께 보고합니다"라고 인사하자,

오! 박 소위를 여기에서 만나게 되네! 하시며 나를 덥석 안으시면서 '어디에 근무하느냐? 고 물으시기에 안기부 전북지부장 보좌관'이라고 대답하자, 정세 브리핑에 참석한 전북도 내 각급 기관장들에게 "내가 이러니 어찌 전북에 오지 않을 수가 있겠느냐"고 말씀하시자 남덕우 국무총리님께서 아주 훌륭한 청년이라며 나에게 악수를 청하시자 나는 국무총리님의 회갑을 진심으로 축하드립니다! 하자 참 훌륭한 청년이라고 격려

하신 기억이 생생하다.

나는 천주교 신자로서 육군 제35사단 신병교육대의 천주교 예비 신자들에 대한 교리 지도와 전 대원들을 대상으로 국가안보 교육에 3년간 봉사한 것을 보람 있는 봉사활동이었다고 생각한다.

한국 천주교회는 1968년부터 군 사목에 종사하고 있는 군종 사제와 군인성당, 국군 장병들을 위해 기도하고 물질적으로 돕고자 해마다 전국 각 본당에서 국군의 날이 포함된 10월 첫째 주를 '군인주간'으로 지내고 있는데, 국군을 사랑하는 마음의 표시가 고작 1주간밖에 되지 않음에 아쉬움을 가지고 있다.

그래서 "군에 대한 사랑과 애착을 갖고 국군의 자존감 고양에 역점을 두었으면 좋겠다."는 생각에서 이 글을 쓴다.

4. 민족분단의 恨이 서린 철의 삼각지, DMZ 탐방기

산천도, 인걸도 의구한데 적막감만이 감도는 남방한계선 철책선에 나는 R.O.T.C 동기생 친구와 함께 1992년 12월 초 두 사람이 근무했던 6사단과 3사단 근무 부대를 방문하려니 철원군 동송읍 사무소에서 독수리 훈련 중이라서 전방부대 방문이 불가하다는 전언이었다.

　전역 21년 만에 찾아온 철원 땅! 내가 근무했던 부대를 찾아볼 수 없다니 너무도 서운해 6사단 보안대를 찾아 GP 방문을 문의하니 그곳에서 나의 GP 장 근무경력이 확인되어 헌병 대장의 선도로 GP를 방문한 바 있다.

　그래서 이번에도 6사단 방첩대를 찾았으나 부대는 이미 다른 지역으로 이전하고 뜰에는 잡초가 무성하고 깨진 창문에 거미줄이 잔뜩 끼인 모습을 보니 허무로다! 이것이 바로 허무로다! 라는 생각 외엔 도무지 아무것도 떠오르지 않고 여기에서 발걸음이 멈춰진다.

　6사단 지역을 31년 만에 이번이 세 번째 방문인데, 언론 보도를 통해 이미 알고는 있었으나 경기도 포천지역부터는 대로변 양쪽에 설치된 대전차 방벽 장애물을 문제인 정부에서 300억 원의 예산을 들여 철거했다는 보도가 사실이었음을 확인하고 보니 '9.19 남. 북 간의 합의'가 국가안보에 심대한 악영향을 미치리라는 생각을 떨쳐 버릴 수가 없었다.

　나는 아내(권근애 루시아), 우리 아파트에 함께 거주하고 있는 이덕호 베네딕토와 조수덕 크리스티나 퇴직 교장 선생님 부부 등 4명이 2023.10.7.-10.8간 강원도 철원, 평강, 김화로 이어지는 철의 삼각지 최전방 GP와 철책선부대를 방문, 'DMZ 평화 관광단'으로 남북 분단의 한이 서린 역사의 현장 제2 땅굴과 철원 평화 전망대(㉻ 102 OP), 월정사 역사를 돌아보면서 얄궂은 감회에 빠져들었다.

20대의 청년 장교가 백발이 성성해 힘없는 노병이 되어 눈앞의 비무장지대 위를 감아 휘도는 조각구름을 멍하니 바라보면서 반백 년의 세월 한가운데에 빠져 헤어나오지 못한 '나'를 되돌아보고 있었다.

DMZ 평화 관광 단원들은 접수처에서 차량 대형 버스를 포함해 50대씩 묶어 출발하여 1일 4회 실시되는데 1회 관광 소요 시간은 3시간- 3시간 30여 분이라는 관광 해설사의 안내를 끝으로 제2 땅굴로 출발했다.

철원의 제2 땅굴은 내가 땅굴 위의 GP 장으로 근무할 때 지하 갱도에서 터지는 폭발음을 매일 상황 보고 한 바 있는데, 먼 후일 김주성 북한군 탈북 장교의 증언에 따라 1974년 11월 우리 군의 탐지로 땅굴이 있음을 확신, 철원의 학저수지 물 200여 드럼을 쏟아부어 갱도가 있음을 확인하고 11월 27일 역 갱도를 뚫어 제2 땅굴이 발견되었다.

1976년 K,CIA 직원 신분으로 제2 땅굴을 가서 보니 내가 근무했던 GP 밑으로 땅굴을 파고 내려왔고, 우리 군이 뚫은 역 갱도 입구는 내가 GP 장 시절 우물을 파 그물을 식수로 사용했던 곳이었기에 더더욱 감회가 새로웠다.

　우리 휴전선상에 제1 땅굴인 고랑포와 철원 제2 땅굴, 제3 땅굴인 판문점 등 3개의 땅굴이 발견되어 전 세계에서도 유례가 없는 북한군의 비밀 남침 흉계가 만천하에 알려져 북한의 호전성이 여실히 드러났음에도 우리 국민 대다수가 국가안보에 너무 소홀하고 일부 야권 등 이른바 반국가 세력들의 준동을 너무 안이하게 단정하고 있는 것 같아 안타까움을 금할 수 없다.

　평화 전망대에서 바라본 북한 지역의 지형지물은 반백 년 전 그대로 변함없이 침묵을 지키고 있는 가운데 무심한 나무들만이 보초를 서고 있는 데다 6.25 전쟁 중 24번이나 피아간의 주인이 바뀌고, 27만여 발의 포탄이 떨어져 산 높이가 1m 낮아졌다는 백마고지도 옛 모습 그대로 누어 세월을 한탄하는 것 같아 가슴이 먹먹해졌다.

　54년 전만 해도 철책선 남쪽 땅은 황무지 그 자체였는데, 이제 와 보니 개간하여 반듯반듯 경지정리 된 옥토로 바뀌었고, 인공 저수지까지 건설해 농업용수로 활용하는 등 남쪽 지역은 천지가 개벽 되었는데도 북한 지역의 DMZ 내의 발리봉(일명 낙타고지), 무명산 OP, 두루봉 OP, 북측의 오성산 자락, 적 GP와 아군 GP도 54년 전이나 다름없이 세월의 변화를 모른 채 우두커니 서 있는데, 북한 쪽 비무장지대 내에는 나무 한 그루도 없는 황량함 그 자체로 버티고 있어 북한 땅이 원망스러웠다.

월정리 역사를 뒤로하고 맡겨 놓았던 신분증을 되돌려 받고 나오면서 안내 해설사가 인사를 하면서 건네는 말에 의하면 현재의 6사단이 포천으로 이전하고 이 자리에 5사단 2개의 전투단(연대)이 투입돼 철원지역을 맡게 된다는 말에 허무하다는 생각이 들었다.

6사단은 6.25 전란 중 북한강을 건너온 중공군을 용문산 전투에서 17,177명을 사살하고, 2,183명의 포로를 사로잡은 전공과 함께 맥아더 원수의 인천상륙작전 성공으로 UN군이 38선을 넘어 북진할 때 맨 먼저 6사단이 압록강에 도착하여 압록강 물을 수통에 담아 이승만 대통령께 맨 먼저 드렸다는 전공을 세운 부대가 철원에서 철수한다는 소식을 접할 때 매우 섭섭했다.

옛 북한 노동당사 앞을 지나면서 경천동지할 만큼 놀라지 않을 수 없었다. 옛 노동당사는 개, 보수한답시고 베 조각으로 둘러쳐 놓아 실물의 형체는 잘 볼 수 없었으나 왜 역사의 현장을 생생하게 보여주어야 함에도 개, 보수를 하는지 도무지 이해할 수가 없었다.

노동당사 앞의 옛 황무지는 드넓은 주차장과 철원역사 박물관을 비롯해 새로운 건물들이 즐비하게 들어섰고 철원지역 최북단 마을인 월하리의 군부대 검문소는 흔적조차도 없이 사라져 별천지로 변해버린 현장을 지나면서 우리의 남방한계선 철책선이 적에 의해 뚫리면 수도 서울이 매우 위태로울 것이라고 여겨졌다.

31년 만에 세 번째 방문한 나는 세월의 흔적이 명멸하는 현실 앞에서 순간 정신이 혼미해 옴을 느끼며 고려조 때 야은 길재 선생이 읊었던 시조의 한 대목인 '산천은 의구하되 인걸은 간데없구나!' 시조 구절을 마음속으로 새겨 보았다.

군 현대화 계획에 따라 전방 지역 군부대가 잇따라 해체되는 등 국방태세 약화로 인해 북한의 불장난 도발이 우려되는 가운데 최북단 지역 펜션 여 사장님의 일갈 즉, '전방 군부대들의 철수로 불안해서 못 살겠다며 문재인 대통령이 원망스럽다' 는 말 한마디가 안보 공백이 현실로 나타나고 있다는 생각을 떨쳐 버릴 수 없었다.

차제에 우리 사회 곳곳에 뿌리내리고 있는 586 운동권을 비롯해 대한민국의 좌파, 친북, 친중, 종북세력들을 국가의 모든 역량을 총동원해 그 조직을 찍어내 발본색원해야 만이 대한민국의 안위가 확립된다고 확신하는 바이다.

이제 우리 정부와 여당이 기댈 곳은 오직 국민뿐이다. 친북 정권의 잔재들을 깨끗이 청산하지 않고서는 대한민국의 안위가 풍전등화임을 명심하고 우리 국민이 내년 총선에서 올바른 판단을 할 수 있도록 정부와 여당은 심혈을 기울여야 할 것이다.

만약 이를 소홀히 한다면 국가의 미래는 미궁 속으로 빠져들어 물거품이 된 후 후회한들 무슨 소용이 있겠는가 말이다. 유비무환의 자세가 절실히 요구된다.

10월 8일 아침 TV에서 팔레스타인 무장단체 하마스가 이스라엘 여러 곳에 침투하여 많은 전상자가 발생했다는 보도를 접하고 적접지역敵接地域에 와 있는 나는 생각해 보았다. 세계 최고의 정보력과 정보망을 자랑하던 이스라엘이 민병대 수준의 팔레스타인 무장단체 하마스의 기습 공격에 속수무책으로 뚫린 것은 북한과 대치한 우리 안보에도 시사하는 바가 크다고 생각된다.

원시적 공격이라도 대규모 물량공세物量功勢가 불시에 가해지면 첨단 방어 씨스템이 무용지물이 될 수 있음을 보여주었기에 대한민국의 안보태세를 전반적으로 재점검하고 '9.19 남북 군사합의'의 재검토가 필요하다고 여겨졌다.

10월 7일 14시경 철원에 도착, 구 승일교와 새로 건설된 승일교에서부터(구 승일교는 이승만 대통령의 '승'자와 김일성의 '일'자를 따서 붙여진 이름임) 시작되는 순담 계곡으로 가는 도중에 '태봉 꽃' 축제의 현장인 대규모 형형색색의 꽃밭을 보고 경탄하지 않을 수 없었다.

그 옛날의(54년 전) 황무지를 개간해 수만 평의 꽃밭을 조성해 올해 9회째 축제라고 쓰여 있어 놀랐다. 태봉은 궁예가 철원에 세운 나라이기에 그만큼 철원이 고도라는 것을 알리려는 것으로 생각했다.

태봉 꽃 축제 현장을 보고 난 후 순담 계곡이 우리 소대 섹터 앞이기에 빽빽하게 우거진 수풀과 나무숲은 옛 모습을 그대로 보여주고 있는 데다, 철판으로 건설된 잔도 위를 걸으면서 바라본 한탄강물은 강낭콩보다 더 푸른 물빛 속에 반백 년의 세월도 함께 도도히 흐르고 있었다.

오후 3시 30분경 순담 계곡에 도착하니 주차장은 물론 길 위의 차들로 인해 발들여놓을 틈새조차 없을 만큼 매우 번잡했으나 잔도를 약 3.6Km 걷다가 갈말읍 나의 첫 군대 근무지로 차를 몰았다.

1992년 12월 초 부대를 방문했을 때 내가 근무하던 해 우리 중대 본부 앞에 20cm 정도의 소나무가 그때 가보니 2m

50cm 정도로 자라 그 밑에서 양00 친구와 함께 사진 촬영했었다.

　이번에 오니 부대는 모두 허물어졌고 서울의 신라호텔만큼이나 큰 막사로 축조되어 버티고 서 있었다! 이 막사 앞의 구멍가게는 분대장들과 소대장들, 그리고 면회객들의 쉼터로 활용되었던 구멍가게도 없어지고 대형 기독교 교회로 변신해 있어 어딜 가도 옛 모습을 찾을 수 없어 금석지감을 느낀다.

　헛물을 켜듯 쓸쓸함을 가슴에 안고 차를 몰아 고석정 국민 관광지(?)로 향했다. 그 옛날 우리 소대 OP에서 바라본 고석정은 변함없이 세월을 낚는 담대한 낚시꾼처럼 그 모습 그대로 우두커니 홀로 서서 나를 맞아주었기에 만감이 교차했다.

　고석정 바로 위에 내가 소대장 복무 시절, 고정 탱크 포 1문을 배치하고 1개 분대를 파견해 경계에 임했으나 오늘 와 보니 고석정 위의 능선에 탱크 포가 있어야 할 자리가 아니라고 여겨졌다.

　이제는 국민 관광지가 되어 서울의 명동만큼이나 번잡한 곳이 되어 급속도로 발전하는 사회상과 현대전에 필요한 전략 전술이 필요하다고 생각했다.

　철원을 떠나면서 아! 옛날이여 나도 이제 새로운 흐름에 함께 올라 바로 오늘이 가장 아름다운 내 생애 최고라고 살아가야 하며 과거에 집착된 삶의 굴레를 벗어나야 한다고 생각은

했으나 어찌 그리 쉬운 일만은 아니라는 여운이 감돌 뿐이다.

5. 우리나라 의술醫術, 내 느낌의 명암明暗

참으로 좋은 세상에서 우리는 살고 있다고 생각하니 불과 40년 전의 우리나라의 현실을 비교해 보면 그야말로 경천동지, 천지개벽 그 자체 아니 천지창조 이래 이보다 더한 대사건이 있을 수 있단 말인가? 라고 말하지 않을 수가 없다.

나는 2001. 6. 10. 서울 삼성의료원에서 췌장 종양 절제 수술 후 입원 37일 만에 퇴원했다. 수술 처음에는 식사 시간만 되면 밥 냄새를 맡을 수 없어 매우 곤혹스러워 병실을 뛰쳐 나가야 했다.

그러면서 매일 옆구리에서 빼낸 물을(흑갈색) 뽑아 배양 검사를 하기에 수간호사에게 나는 왜 호텔 투숙객처럼 약도, 주사도 없이 잠만 재우느냐고 물어보아도 아무 말이 없었다.

수간호사가 밤 10시쯤 퇴근하면서 내 귀를 잡아당기면서 내 귀에 대고 "이 병실 입원 환 중 제일 중병 환자"라고 하면서 퇴원 날짜는 모른다면서 귀가한 후에도 이해할 수가 없었다.

그리고 그다음 날 일반 병실에서 중환자 방으로 옮겼는데 경찰청 박OO 차장인 R.O.T.C 후배의 비서가 병실로 화분을 보내기 위해 나의 신원을 확인하는 과정에 내가 전화를 받으니 '거기 박종선 씨 상가죠?' 하기에 '난 아직 죽지 않았는데 누구입니까?' 하니 경찰청 차장님께서 화분을 보낼 계획이며 죄송하다는 인사를 받았다.

  퇴원 5년간을 매년 1회씩 병원에서 CT 촬영 후 1주일 후에 결과를 확인하는데 이 1주 일 간은 단 한 분. 초라도 비관적인 생각뿐이지 좋은 생각은 들지 않았다. 그러나 췌장 수술 후 23년간을 덤으로 살고 있기에 이는 '하느님의 은총'이라는 생각 외엔 아무것도 없다. 그래서 이 또한 기적이라고 할 수 있다.

  수술받던 날 옆에 있는 다른 환자들에게는 수술 전에 콧줄을 꽂는 등 제반 사전 준비를 하는데도 나에겐 전혀 없었으나 수술 직전이라며 수술진이 다가오자 나는 기도를 하겠다고 하면서 주님의 기도를 하니 주치의도 함께 기도 하고 난 후 '선생님도 천주교 신자입니까?' 하니 그렇다고 했다. 매우 안심이 되었으나 그 뒤로는 모른다.

  5시간 30분여의 수술을 마치고 병실로 올라와 37일 만에 퇴원하여 오늘에 이르고 있으며, 2023.9.18 막내딸 회사에서 부모님에 대한 건강 검진 혜택을 준다고 하여 췌장 CT 촬영을 했으나 아무런 문제가 없는 것으로 확인되었다. 이는 하느님께서 살려 주신 것이며 모든 것이 하느님의 뜻에 살아간다고 나는 확신한다.

 2021년 7월 25일과 26일에 두 눈 모두의 백내장 수술을 마쳤다. 처음 눈을 수술하고 그다음 날 눈 커버를 벗기니 새 세상을 본 것 같이 너무도 신기했고 두 눈을 수술하고 보니 내 얼굴에 검은깨를 쏟아 놓은 것 같이 보이고 티끌 먼지가 너무 잘 보이자 이때부터 청소에 주력할 수밖에 없는 처지가 되기도 했다.

 눈 수술 후 내 얼굴의 죽은 깨를 볼 수 없어 피부과 의사인 큰 사위에게서 얼굴의 반점을 제거하고 나니 깨끗해서 매우 좋고, 교통 신호등이 8개월 정도까지는 두 개로 보이더니 안경을 맞추어 낀 이후 해결되었으나 백내장 수술 1년여 만에 결막 이완증으로 많은 고생을 해야 했다.

 다른 병원에서 진찰 결과 처음 수술 원장의 과실로 인해 7개월을 기다리다 결막 이완증을 수술하고 8개월이 경과 하였으나 아직도 원 상태보다는 불편한 편이나 계속해서 인공 눈물을 넣으면서 살아야 할 것 같다.

 2010.12.10. 아침에 일어나니 어깨 아픔이 심상치 않아 목욕탕에서 뜨거운 물로 다스리면 될 것으로 생각했으나 아니었다. 원광대 한방 병원에서 침을 맞아도 치료가 되질 않은데도

병원장님은 나더러 꾀병이라고 놀려대기까지 했으나 침으로 효험을 보지 못했다.

　이 어깨 병은 새벽 3시 1분쯤부터 오른쪽 팔에 통증이 오기 시작하는데, 칼로 살을 베어내는 것 같고 오른손 새끼손가락 부위는 바늘로 찌르는 것처럼 아프다가도 오후 2시경이면 언제 아팠냐는 듯이 통증이 사라진다. 참으로 귀신이 곡할 노릇이다.

　전북대 병원 목 담당 교수님께서 땀을 뻘뻘 흘리며 보아주시면서 일명 주사를 놓아주시면 아프냐고 물으셨다. 나는 여전히 아프다고 하니 그러면 목을 보시는 교수님께 가보라고 하여 가니 목 부위는 아니라고 다시 어깨 담당 교수님께로 돌아왔으나 별다른 조치를 받지 못했다.

　그 당시 나는 천주교 예비 신자들에 대한 교리교육을 지도하여 2010년 12월 25일 성탄절에 세례를 받을 예정이었으나 밤에는 아프지 않기에 문제가 없어 세례를 마치고 12월 27일 서울 마디병원으로 가는데 아프지 않은 사람은 괜찮으나 나 같은 환자는 고속버스가 어찌나 덜컹거리는지 환부가 매우 아파 고통스러웠다.

　다음 날 마디병원에서 진단을 받는데 의사 4명이 들어 왔고 MRI와 CT촬영, 판독 결과 큰 병원으로 가보아야 한다면서 인근에 있는 우리들병원으로 안내해 주기에 거기로 갔다.

전주에서 촬영한 사진 모두 부정하고 새로이 찍어야 한다기에 별수 없이 내일 수술용 사진을 찍기로 하고 그 준비단계로 주사 1대에 25만 원에 맞고 딸 집에 오니 밤 10시가 되었다. 가만히 생각해 보니 이게 강도인가 싶었다. 하는 짓들이 뭐냐 말이다.

집에 와서 처 조카사위가 정형외과의사임을 알고 다음 날 등촌동 소재 부민병원을 알 수 없어 청담동에서 택시를 타니 비용이 18,700원이 나왔다. 조카사위의 진단에 따라 수술실에서 주사 2대를 맞으니 통증이 없어졌는데 신경에 버금이 끼어 그 부위에 약물을 투입하여 치료된 후 3년 동안 전혀 아프지 않았다.

태국 칸타나불리 cc에서 라운딩을 위해 2013.1.13. 출국, 다음 날 18홀 라운딩 후 27홀의 라운딩을 하려고 3번째 홀에서 오른쪽 어깨 부위에서 빡! 하는 소리와 함께 주저앉아 통증 때문에 라운딩은 불가했고 이곳에는 의료 시설 전무로 치료할 방법이 없었다.

그날부터 안마사에 의뢰해 보았으나 더 아파서 중단하고 11일 동안을 무작정 기다리다가 입국하여 부민병원의 조카사위를 대기시켰다가 응급처치를 받은 후 전주에 도착하였으나 운전을 할 수도 없고, 손을 옆으로 비틀지도 못했다. 그리고 통증은 계속됐다.

  미국 큰 조카에게 물으니 전주에도 독일제 의료기기(두들겨서 치료)가 도입되었다고 하니 큰 사위에게 알아보라고 권유를 받고 찾아, 나눔 통증 의학과에서 일주일에 월. 수. 금 3일간씩 3주 치료받고 완치는 안 되었어도 현재 골프 라운딩은 물론 다른 운동도 무리 없이 잘하고 있다.

  그러나 어깨 통증은 완치되었으나(아프지 않으니) 현재에도 정확한 병명이 나오지 않고 있으니 현대 의학에서도 이럴 수가 있을까? 도무지 믿겨 지지 않은 미스테리로 남는다.

6. 기적이 따로 있나

  기적이란 인간의 힘으로 이루어낼 수 없는 지혜와 능력을 초월하는 초자연적 신비로운 현상을 말한다. 이처럼 무릇 인간은 자기 또는 주변에서 일확천금이나 지금까지 보고, 듣고 알지 못한 것을 뛰어넘어 엄청난 일들이 일어나는 것을 기적으로 인식하고 있음이 상례이다.

  그러나 실상은 그렇지 않고 우리가 평상시에 걸을 수 있고, 듣고, 보고, 좋은 사람들과 맛있는 음식을 먹고 담소하는 것과 같은 평상의 삶 자체가 기적이 아닐까? 싶다.

내 삶의 여정 안에서 불가하리라는 고정관념으로 인하여 예상 밖의 일이 현실로 나타나게 되면 내 나이를 생각하지 못한 꿈같은 순간이 바람처럼 지나가면서 바로 이런 것이 기적이 아닐까? 라고 추리 해 볼 수 있을 것 같다.

옛부터 전해져 내려오는 상촌象村 신흠申欽이 썼다는 오매월류梧梅月柳라는 칠언절구 시가 불현듯 떠오른다.

동오천년노항장곡桐梧千年老恒藏曲이요
매일생한불매향梅一生寒不賣香이라
월도천휴여본질月到千虧餘本質이요
유경백별우신지라柳經百別又新枝이라
즉 오동나무는 천년을 묵어도 그 속에 노래를 지니고 있고,
매화는 평생을 추위와 살아도 향기를 팔지 않고,
달빛은 천 번 이즈러져도 원래 모양은 남아 있고,
버드나무 줄기는 백 번을 찢어내도 또 새로운 가지가 난다는 뜻이다.

이렇듯 사람도 누구나 그 사람만이 지니는 마음씨가 있다.
없으면서도 남을 도우려고 하는 사람,
어떠한 어려움도 꿋꿋하게 이겨내는 사람,

나의 허물을 감싸주고, 나의 미흡한 점을 고운 눈길로 봐주는 사람,

자기의 몸을 태워 빛을 밝히는 촛불과도 같이 상대를 배려하고 도움을 주는 사람, 인연을 깨트리지 않는 사람, 이렇게 삶을 진실하게 함께하는 사람은 잘 익은 과일 향이 나는 사람이다.

오늘도 과일 향이 물씬 풍기는 행복한 날을 기대해 보면서 항상 초심을 잃지 않은 삶이 바로 기적의 삶이 아닐까도 생각해 본다.

나는 2022년 대림절을 맞이하여 성경 필사를 시작했다. 주위에서는 그거 보통 일이 아니니 그만두라는 권유도 있었으나 천주교 세례받은 지 27년 만에 두꺼비처럼, 거북이처럼 천천히 한 번 작심했으니 해 보자는 결의에 따라 꾸준히 느리게 써 보기로 작정하고 실행하고 있다.

매일 1시간 정도를 성경 필사에 배려하는데, 손가락도 아프고 손목에도 무리가 가는 것인지는 몰라도 제법 힘들다는 생각이 들긴 해도 성경을 써가면서 조금씩 음미하고 묵상해가면서 써 내려가니 예전에 느끼지 못했던 맛이 새록새록 떠올라 또 다른 맛과 함께 의미를 스스로 느껴보곤 한다.

그런데 성경 필사를 시작하면서 내겐 기적 같은 일들이 일

어나고 있었다. 즉 둘째 딸(의정)이 서울 삼육대학교 시간강사 발령에 이어 전임을 맡도록 해주겠다는 것이나 조건이 붙어 있었으니, 그것은 바로 자기 학교 이념에 맞는 종교로 개종을 요구하자 다음 학기에 보자고 일단 유보해둔 상태이다.

또 43살의 막내딸(정신)의 혼인대상자가 불현듯 나타나 2023. 12.3. 혼례를 마쳤으니 이는 천재일우千載一遇라 하지 않을 수 없는 대사건이라 하지 않을 수 없다. 이 모든 것은 하느님의 뜻이자 성령의 도우심이 아니고서는 불가할 것이라고 여겨진다.

나와 아내(권근애 루시아)는 막내딸이 80년 2월생이니 점점 나이가 더해갈수록 혼인은 어렵게 된다는 현실을 묵과할 수 없기에 그냥 데리고 살다가 별다른 재산도 없지만 가지고 사는 집이나 한 채 막내에게 넘겨주면 그만이랴 막연히 생각했는데, 뜻밖의 혼사를 마쳤으니 우리 부부의 매듭을 모두 풀었다는 해방감과 함께 인간 만사는 흐르고 변화무쌍하기에 그때그때 상황을 보며 지혜롭게 살아가련다.

탈무드에 이런 대목이 있다.

인간의 몸에는 6개의 소용되는 부분이 있다. 그중에 셋은 자신이 지배할 수 있지만, 또 다른 셋은 자신의 힘으로 마음대로

할 수 있는 부분이다.

전자는 눈과 귀와 코이고, 후자는 입과 손과 발이다.

우리는 보고 싶은 것만 볼 수 없고, 듣고 싶은 말만 골라 들을 수도 없고, 맡고 싶은 냄새만 선택해 맡을 수 없다. 그러나 우리는 의지에 따라 좋은 말만 할 수 있고 손과 발을 이용해서 하고 싶은 것을 할 수 있다.

과거는 해석에 따라 바뀌고, 미래는 결정에 따라 바뀐다. 그리고 현재는 지금 행동하기에 따라 바뀌지만, 바꾸지 않기로 고집하면 아무것도 바뀌지 않는다.

목표를 잃는 것보다 기준을 잃는 것이 더 큰 위기이다. 인생의 방향은 목표를 잃었기 때문이 아니라 기준을 잃었기 때문이다. 인생의 진정한 목적은 무한 성장이 아니라 끝없는 성숙이다.

사람이 아프지 않고 80년 산다면, 26년 잠자고 21년 일하고, 9년 먹고 마시지만 웃는 시간은 겨우 20일뿐이라고 한다. 또한 화내는데 5년, 기다림에 3년을 소비한다고 한다.

기쁨의 시간이 곧, 웃는 시간이라고 본다면 팔십 평생에 겨우 20일 정도만 기뻐하는 건 삶이 너무 딱딱한 것 같지 않을까 싶어진다. 화내는 시간을 반쯤 뚝 잘라 웃을 수 있다면 삶이 얼마나 풍성할까?

기쁨은 바로 행복이다. 행복은 누가 만들어 주는 것이 아니라 바로 자신만이 만들 수 있다. 인생이란 문틈으로 백마가 달리는 모습을 보는 것 같이 삽시간에 지나간다는 것을 깨달아야 한다.

7. 아늑하고 오묘한 건지산, 전주천 변 산책길

　내가 2008.8.8. 송천동으로 이사 왔으니 벌써 만17째가 된다. 건지산은 전북대학교 학교림에다 전주 이씨 시조인 태조 이성계의 선조인 목조, 익조, 탁조, 환조 등 네 분의 단이 마련되어 있어 조경단은 전주의 역사를 대변해 주고 있는 곳 중 하나이기도 하다.

　건지산은 120만여 평의 전북대학교 캠퍼스 부지와 학교림을 포함하고 있어 국립대학교 중 두 번째로 큰 면적을 보유하고 있는 것 또한 자랑거리가 아닐 수 없다.
　여기에다 덕진연못은 단오절에 창포물로도 머리를 감으면 무병장수無病長壽한다는 전설과 함께 전국적으로 널리 알려져 있을 뿐만 아니라 전주 5월 단오제는 강릉 단오제와 더불어 역사 깊은 문화제이다.

연못 내의 취향정은 전주의 멋을 한층 빛내주고 있는 등 천혜의 조건을 모두 갖추고 있으며 연못 주위에 6.25 전란 중 전주 사수에 공이 큰 최영희 장군을 비롯하여 독립운동가와 백양촌 시인(신근)의 동상들이 즐비해 역사성까지 내포하고 있다.

내가 전북대 법대 재학 중에 덕진연못에서 보트를 저을 때 큰 붕어는 물론 가물치까지 배 안으로 뛰어 들어와 화들짝 소란이 일기도 한 잊지 못할 추억의 한 장르로 연상되어 온다.

특히 건지산 남쪽 앞자락에는 대하소설 '혼불' 작가인 최명희 선생의 묘소가 자리하고 있어 문화 예술의 도시다운 면모를 갖추고 있다고 해도 과언은 아니다. 또 전주 동물원은 서울 대전 광주를 제외한 여타지역 동물원과는 비교할 수 없을 만큼 규모도 크고 다양한 동물을 보유하고 있어 어린이들의 놀이터로도 손색이 없다.

최근에는 연못 제 개발 사업을 추진하고 있어 이른바 생태 관광지로 탈바꿈하는 덕진연못이 어떤 모습으로 변할까? 궁금해진다.

우리 집 주변의 건지산과 전주천변의 산책길은 천혜의 자연 조건을 구비하고 있어 심신 단련은 물론 사시사철 변하는 삼라만상의 대자연의 내음을 음미할 수 있어 보석과도 바꿀 수 없는 매우 좋은 조건을 갖춘 보배로운 산책길이다.

건지산의 사계를 살펴보면 봄에는 산수유, 철쭉꽃, 영산홍 등 다양한 꽃들이 아름다운 향기를 내뿜으며 벌 나비를 유혹하는가 하면 사람들의 정서 함양에도 크게 기여하고 있어 오묘하고 아름다운 추억의 산책길 임에 틀림이 없다.

건지산 길을 걷다 보면 초록빛 물감을 마음껏 뿌려 놓은 것 같은 새싹들의 향연을 보면 내 마음도 나는 새들처럼 어느새 바람 따라 구름 따라 두둥실 떠내려가는 돛단배 물결치며 함께 떠내려가는 것 같다.

싱그러운 계절의 여왕 5월에는 라이락 향기에다 피 보다도 더 붉은 영산홍, 아카시아꽃 향기에 취해 이마에 조르르 흐르는 땀방울을 연신 씻어대며 피톤치드 숲속 나무 의자에 앉아 망중한을 즐길 즈음 무대 위를 장식한 유랑 악사들의 오카리나, 색소폰, 기타연주, 아코디언 연주 등으로 산책객들의 마음까지도 시원하게 달래줌에 찬사를 보내지 않을 수 없는 아늑한 휴식 공간이다.

건지산 자락에 있는 오송제에는 붕어를 비롯한 다양한 어종의 물고기들이 서식하고 있어 봄날 따스한 햇볕 아래 피라미, 어린 붕어들의 유영을 보고 있노라면 매우 오묘하다는 생각이 든다.

전주천은 삼천 수계와 본래 전주천 등 2개의 수계가 만나 만

경강으로 흘러 들어가는 국가하천이다. 나는 전주천 변이나 건지산 자락을 하루에 12,000여 보를 걸으면서 와사보생臥死步生을 실천하고 있다.

천변에 마련된 자그마한 보가 건설돼 있어 갈수기에도 넘실대는 물을 저장하고 있어 왜가리, 기러기 등 철새들도 이곳이 지상 낙원으로 알고 종일 비상하면서 자태를 뽐내주고 있다.

특히 여름철에는 왜가리 떼가 주변 나무숲에 둥지를 틀고 살아가고 있어 승추월하문僧推月下門, 승고월하문僧考月下門이라는 '추고推考'의 의미를 갖춘 곳이 곧 건지산 자락이다.

또한 수많은 잡풀의 낙원이요 가을철 갈대꽃과 억새꽃은 가히 장관이라 칭찬해도 할 말이 다 필요 없을 듯하다. 건지산 자락과 전주 삼천 천 길을 따라 걷다 보면 사시사철 잡풀은 길가와 언덕에 항상 있다.

내가 여의동에서 콩 농사를 지을 때 풀을 뽑다가 손톱 밑에 독이 들어 수병원에서 1개월을 치료한 바 있고, 서곡에서 2년간 밭농사를 하면서 느낀 건데 아무튼 풀은 공산당보다 더 무섭다고 여겨지기도 했다.

완주군 삼례읍 수계리 밭(387평)에 125만 주의 회양목을 심고 1년을 가꾸다가 큰딸(초 6년, 올해 49세)이 "아빠! 이거 우리 안 하면 못살아요?" 하면서 하지 말자고 한다. 그래서 바로 원가(150만 원)에 처 고종사촌 오빠에게 넘겨주고 나무재배를 포기했다.

　풀을 매러 아침 5시경 밭에 도착해 1시간 정도 풀을 뽑고 나면 땀으로 뒤범벅이 된다. 그리고 1주일 후 다시 가보면 풀이 산처럼(?) 우거져 있다. 도저히 풀과 싸워 이길 수가 없어 풀이 무서웠기에 오죽하면 풀이 공산당보다 더 무섭다고 느꼈을까?

　또한 길가를 오가면서 봄부터 가을이 저물어 갈 때까지 풀을 보면서 나는 두 가지를 연상해 본다. 하나는 초. 중학교 때 시골에서 방과 후에는 돼지풀을 한 망태씩 해 와야 저녁을 먹을 수 있을 만큼 풀에 대한 트라우마가 있다.

8. 일생을 기도하는 마음으로 살자

　기도란 '위키 백과 사전'에 의하면 신神 또는 신격화된 대상과 의사소통을 시도하려는 행위, 또는 신神에게 무엇인가를 간청하는 행위라고 정의한다.

　천주교에서 기도란 일반적으로 하느님과 인간과의 대화로써 결국 기도란 자신의 마음을 하느님께 올리어, 하느님의 말씀을 들음을 뜻한다. 그러므로 기도는 하느님과 인간의 대화이다.

나는 평생을 기도하는 삶을 살고자 1995.8.15. 성모승천대축일에 마티아를 세례명으로 예수님 안에서 하느님의 아들로 새롭게 태어났으나 현직에 있을 때는 그저 나일론 신자에 불가했으나 정년퇴직 후 나름대로 열심히 신앙생활을 하고 있다.

천주교의 교육과정 중 하나인 2006년 2월 천주교 전주교구 남성 제77차 꾸르실료와 천주교 전주교구 제107차 ME 교육을 이수하고 현재 두 단체의 회장직을 맡고 있다.

내가 꾸르실료 교육 이수 후 자원봉사를 위해 천주교 전주교구청에 문의하였더니 70세가 넘어 곤란하다는 전언에 따라 자원봉사를 포기했으나 나이는 숫자에 불가하다는 말도 있는데 자원봉사 의지를 나이 때문에 거부하는 것은 이해하기 어려웠다.

꾸르실료 교육 이수 후 현재까지 총 9명이 2개월에 1회 정기 회합과 함께 돈독한 정을 나누며 매우 보람된 신앙생활을 하고 있다. 특히 우리 회원들은 2018년 2월 초 베트남 다낭 여행 중 특이한 점을 발견했는데 시내 한복판에 있는 성당이 불교 사원이자 이슬람 사원 등 6개 종교가 함께 동일 건물을 사용하고 있어 우리의 상식으로는 이해하기 어려웠다.

또한 우리 꾸르실료 회원들이 2024년 2월 21일부터 2월 25

간 필리핀 세부 일원의 성지순례와 주변 관광지를 살펴보면서 상호 우의를 돈독히 다질 수 있어 매우 좋은 계기가 될 것으로 기대된다.

천주교 전주교구 제107차 ME 교육 후 ME 봉사자 부부인 정진호 다미아노와 김홍숙 엘리사벳 님 부부가 합세한 ME 107차는 '다솜회(사랑을 뜻함)'로 출발하여 매월 정기회를 개최, 우의를 다지고 있다. 그러나 창설 멤버인 무주성당 사목회장 출신인 김기옥 부부 등 세 부부의 탈퇴로 인해 서운함을 금할 수 없다.

ME 회원 가운데 김영 바오로가 근 무력증이라는 희귀병을 앓고 있어 월례 모임에 참석하지 못해 못내 아쉽고, 원재연 루치아노는 설암에 시달리고 있으며 유재봉 스테파노는 큰아들의 하반신 마비라는 불행을 겪고 있는 데다, 이중고로 둘째 아들마저 횡사하고 어린 아기를 보육해야 하는 아픔을 앉고 있어 안타까움을 금할 수 없다.

특히 지난해 10월7일부터 10월 9일간 강원도 철원의 한탄강 주상절리 유원지와 6사단 지역의 DMZ 안보 관광이 원재연 루치아노 둘째 아들의 눈병 때문에 함께 할 수 없어 루치아노 부부가 참석하지 못해 매우 아쉽고 안타까웠다.

특히 여행을 함께 하지 못한 서운함과 함께 원재연 루치아노의 아들이 녹내장을 앓고 있어 원재연 루치아노 본인과 아들까지 병마에 시달리고 있어 말로 형언 할 수 없는 아쉬움으로 남는다.

9. 이런 여행 또 있을까

2024.1.5. 12시 20분경 전화벨이 울려서 받았다. 평소 절친히 지내 온 우리 아파트 이덕호 베네딕토께서 터키 여행을 가자는 전언이었으나 나는 다녀왔다고 하니 여행경비가 1/3 가격인 1인당 80만 원이라면서 함께 가자고 하여 동의하고 번갯불에 콩 구워 먹듯 모든 준비에 들어갔다.

우선 마디병원에서 2023.5.30. 아내(루시아)의 어깨 수술 때 시술했던 철심을 확인을 위해 진단서와 사진을 복사해 왔고, 여행비 1인당 80만 원씩 160만 원을 여행사 측에 입금 완료했다.

저녁 식사 후 22시 50분 버스 편으로 익산역에 도착해 보니 서울행은 23시 50분 SRT 한편뿐이었다. 일단 서울로 가야 했기에 승차하여 승무원과 상의해 본즉 지하철 가락시장역 8번 출구 인근에서 인천공항 행 버스를 탈 수 있다고 하여 가서 보니 거기에는 전혀 쉴만한 곳이 없었다.

　식당도, 숙박시설도, 대중목욕탕 등이 없어 2시간여를 배회하다가 인천공항으로 택시를 이용해 가기로 하고 택시를 탔는데 아내가 무릎을 다쳤다고 한다.

　택시 안에서 확인해 보니 터키를 갈 수 없다고 판단했다. 화가 많이 치밀어 올라 순식간에 온갖 욕설을 퍼붓고 말았다. 무릎을 다쳤으면 강남 터미널로 가서 전주로 가야 옳은데도 인천공항 행 택시를 탔으니 참으로 기가 막히고 분통이 터질 노릇이었다.

　인천공항에 도착해 보니 의자에 사람들이 잠을 자고 있기에 어디에도 등 붙일 장소가 없다. 07시 가이드와 접견 시각까지 잠 한숨을 자지 못한 채 기다리다가 여행 불가를 통보하고 08시 55분 버스로 전주에 도착하니 큰딸이 송천동 에코씨티 정형외과에 예약해 놓았기에 진찰을 받아본 결과 슬개골이 골절되었다는 진단이다.

　1월 7일 해당 여행사에 여행 불가에 대한 보상 여부를 문의하니 불가하고 하여 나는 여행사 담당자에게 이 같은 사항을 인터넷에 퍼 올리고 소비자보호원에 제소하는 등 모든 민. 형사상의 법적 조치를 하겠다고 하니 그러면 진단서와 가족관계증명서를 보내라고 하여 관련 문건을 발송했다.

인천 공항에 도착해서는 조수덕 크리스티나께서 아내(권근애 루시아)를 카트에 태우고 이동해야 하는 촌극도 벌어졌다. 두 분이 터키로 떠나면서 매우 죄송하다며 눈물까지 보이셨으나 애당초 터키 여행을 제안받았을 때 우리 부부가 동의했고, 함께 모든 준비를 했으므로 조금도 미안하게 생각하지 말라고 신신당부하였으나 좀처럼 수그러들지 않았다.

결국 이덕호 베네딕토와 조수덕 크리스트나 부부는 우리에게 전주행 차표까지 사서 주시고 터키로 향발하였음에도 우리 부부를 못 잊어 많은 카톡은 물론 문자 메시지를 통해 사과한다는 내용으로 도배해 오셨는데 이미 엎드려진 물이 아닌가 말이다.

급히 먹은 음식은 체하고 만다는 속담의 의미를 되새기면서 앞으로는 모든 사안에 대해 신중한 자세를 견지해야겠다는 교훈으로 삼아야 한다고 다짐했다.

여행비에 대한 보상은 물론 이번 기회에 다양한 체험을 해 보았기에 한 번 미끄러진 돌에 또다시 걸려 넘어지면 바보라 했다. 다시는 걸려 넘어지는 우를 범하지 말라는 좋은 경험을 쌓았기에 반면교사로 삼아야겠다.

특히 이덕호 베네딕토와 조수덕 크리스티나 부부님께서 우리 부부에게 너무나도 과분한 선물에 말로는 다할 수 없는 고마움과 함께 우리 모두 한마음 한뜻으로 서로 사랑하며 서로 아껴주는 삶을 살아가야 한다고 가슴 속 깊이 느꼈다.

10. 청개구리 띠 마음은 변할 수 없나

　사람들의 마음 안에는 고양이와 개 등 두 마리가 함께 들어 있다는 것이다. 개는 사람을 보고 반가우면 꼬리를 살래살래 흔들어 반가움을 표시하는 반면 고양이는 사람을 보고 반가움을 표시하는 행위가 꼬리를 위로 올린다니 이 같은 행위는 개와 고양이가 정반대의 현상을 보인다.

　우리 인간의 마음 안에서 개에게 계속해서 자양분을 주고 기르면 개와 같은 사람으로 변할 것이며 고양이에게 자양분을 쏟으면 고양이로 기울은 다니 우리 마음 안에서 개를 택할 것이냐, 고양이를 택할 것이냐는 사람의 마음 씀씀이에 따라 결정된다고 하니 우리의 선택에 달려 있다는 것이다.
　나는 어렸을 때부터 위와 같은 두 마음을 함께 길러 왔다는 생각이 지배적이다. 특히 큰 형님께서 나에게 무엇인가 하라고 하시면 내심 반발심을 노출 시켰던 일이 제법 많았다는 생각이 든다. 그러면 나는 고양이 편이가 개의 편인가? 나 스스로 묻고 싶다.

아버지께서 돌아가시기 직전 "나를 진안 성수면 좌산리 할아버지 산소 옆에 안치하라"고 말씀하셨을 때, 네! 그렇게 하겠습니다.라고 대답했으나 진안 할아버지 산소는 마을 앞을 지나 마을 정 중앙을 통과해야 하기에 마을 사람들이 반대하는 것은 不問可知(불문가지) 이다.

그래서 아버지께서 작고하시자 효자 공원묘지를 선택했고 장지도 내가 정해서 모셨다가 2008년 아버지 4형제분을 전남 곡성 입면 서봉리 선산으로 합장할 때 모셨으니 이는 아버지 말씀의 정반대로 하였기에 나는 청개구리가 아니고 무엇일까?

또 있다. 큰형님께서 작고하시기 전 나에게 "내가 죽으면 절대로 화장하지 말라"고 하시기에 이유가 무엇입니까? 했더니 뜨거우니까 라고 하셨다. 그러나 그렇게 되는 것이 아니고 역시 돌아가시자 화장하여 금상동 성당 봉안당에 모셨으니 큰형님의 당부도 거역한 셈이 되고 말았다.

나에게 하나밖에 없는 자형께서 2022년 12월 6일 작고하셨다. 누나가 천주교 신자이기에 장례를 천주교식으로 하자고 하였는데도 남양 홍씨 집안에서는 유교식으로 치르도록 고집하여 그렇게 할 수밖에 없었다.

가장인 나로서도 우리 아이들에게 각종 예법을 가르치고 있으나 우리 집 제사를 보고, 처가의 제례를 보면 또 다르고 누나네 제례를 보면 또 다르고 모두가 제각각이니 소위 남의 집 제사에 감 놓아라, 배 놓아라!는 등 하지 말라는 속담도 있긴 하지만 이 모든 것이 허례허식이 아닐까 싶다.

나는 누가 뭐라고 해도 내가 믿는 천주교식으로 각종 예식을 치르려 한다. 그래서 우리 조상님들께서 보시면 나를 청개구리라고 하지 않을까? 싶어도 나는 천주교 신자다운 예식을 고수하련다.

11. 한 세대, 뒤안길의 허무함

맹자는 다음과 같이 말씀하셨다. 인유계견방 지구지 방기심 이부지구애재人有鷄犬防 知求之 放箕心而不知求哀哉라

즉, 사람은 닭이나 개 한 마리가 집을 나가면 찾기 위해 온갖 노력을 기울이나 마음이 도망가면 찾으려 하지 않으니 서글프구나! 라는 뜻이다.

여기에서 집 나감 이란 '마음' 곧 '영혼'을 되찾아서 우리에게 다시 '사람 냄새'가 나도록 해야 한다는 뜻이다. 사람 냄새는 영혼이라는 실재를 매개로 하여 '하늘 냄새'가 된다는 것을 의미한다.

어린 아기가 처음 세상에 태어나 만나는 세상의 모든 것은 신비 그 자체를 '눈'을 통해 출생의 신비를 인지할 수 있음에도 그것을 스스로 인지할 수 있다고 말할 수는 없다.

그래서 세상에 모든 '처음'은 설렌다. 첫사랑이 그렇고 첫 직장이 그렇다. 특히 의미 있는 연인과의 첫 만남은 가슴 한구석에 일평생 동안 아련하게 남아 있기 마련이다. 아기가 엄마와 첫 만남도, 세상과의 첫 만남도 우연이지 계획된 만남은 더더욱 아니지 않는가 말이다.

만남의 시작은 어디일까? 그것은 바로 '눈'이다. ✝ 이태석 신부는 "하느님과 인간의 가장 중요한 부분을 말하라면 그것은 눈일 것이다"라고 자주 말했다고 한다. 그러므로 우리가 실제로 하느님의 눈동자라는 사실을 뼈저리게 절감할 수 있게 해 달라고 끊임없이 기도해야 한다.

어린 아기의 처음 만남이 엄마와 아빠 그리고 조금 더 자라면서 동기간이며 나아가 사회생활을 하면서 모든 만남이 이루어진다. 그 속에서 사람과 사람 간의 사랑을 느끼며 살아간다. 사랑은 자기를 바치고, 자기를 잊고, 남을 행복하게 만들고자 힘쓰는 것이라고 할 수 있기 때문이다.

내가 반백 년을 훨씬 넘긴 세월 속에서 우리 삼남 일녀가 부모님으로부터 물려받아 함께 살아오다가 부모님께서 먼저 머나면 하늘나라로 여행을 떠나심은 물론 장형님 내외분과 둘째 형님 내외분도 마찬가지다.

　이제 누나와 내가 오직 살아 있을 뿐이다. 그래서 집안에서나, 밖에 나가면 어느 자리에서도 내가 좌장이 되었구나! 생각하면 옷깃을 여미어 새로운 각오가 필요하다고 여겨진다.

　며칠 전 큰 처남을 하늘나라로 보내드리면서 나는 또 하나의 깊은 시름에서 도무지 헤어나오기가 매우 힘에 겨웠다. 나의 장형님과 동갑인데, 우리 장형님은 76세에 세상을 떠나셨으나 큰 처남은 93세인데도 아침 식사도 잘하시고 11시 30분경 저세상으로 가셨으니 어찌 보면 죽음 복을 타고났다고 할 수 있으나 큰 처남댁이 작고하신 후 3년여 동안 온갖 고초를 다 겪으셨기에 애 닳음은 이루 말할 수 없고 슬프기 그지없다.

　캐나다 벤쿠버에 살고 계시는 둘째 처남에게 큰형님의 죽음을 알리려 해도 도무지 전화가 불통이라 매우 안타까웠는데, 마침 오늘 아침(3월 17일) 카톡으로 통화를 했다. 당신께서도 몸이 불편하여 병원에서 CT 촬영 등으로 곤혹스러웠다고 하니 인간 모두는 생. 노. 병. 사에서 벗어날 수 없는가 싶다.

　이런 가운데 2024. 3. 16.은 나의 만79년째 생일을 맞이하여 막내 처남이 자기 누나와 함께 고산 시골밥상집에서 맛있는 점심 식사 대접에 이어 생일선물, 대아 수목원을 막내처남 부부와 우리 부부와 산책하면서 동기간의 정을 흠뻑 나누었으니 이게 바로 행복이 아닐까 싶다.

　막내 처남은 자기 누나에게 물심양면으로 참 잘하는 동생이다. 누나에게 돈이면 돈, 가끔 여행 주선, 생활필수품 등도 수시로 조달해 주는 참으로 잘하는 동생이다. 그런데 나는 우리 하나밖에 없는 누나에게 그렇게 하지 못하고 있어 반성문을 써 본다.

　죽은 후 천추만세까지 이름이 전해지는 것보다 살아생전에 탁주 한잔 만 못하다 "死後千秋萬歲之名 不如生時濁酒一杯) 는 말이 있다. 사후 세계보다 살아생전이 더 소중하다는 뜻이다.
　고려의 대문호 이규보李奎報가 아들과 조카에게 준 詩를 보면 노인의 애틋한 소망이 그려져 있다. 죽은 후 자손들이 철 따라 무덤을 찾아와 절을 한들 죽은 자에게 그것이 무슨 소용이 있으며, 세월이 흘러 백여 년이 지나 가묘家廟(사당)에서도 멀어지면 어느 후손이 찾아와 성묘하고 돌볼 것이냐고 반문했다.
　찾아오는 후손 하나 없고 무덤이 황폐화 되어 초목이 무성하니 산 짐승들의 놀이터가 되어 곰이 와서 울고 무덤 뒤에는 외뿔 소가 울부짖고 있을 것이 자명하다고 했다.
　산에는 고금古今의 무덤들이 다닥다닥 붙어 있지만 넋이 있는지 없는지 누구도 알 수 없다고 탄식하여 사후 세계를 연연하지 않았다. 이어서 자식들에게 바라는 소망을 다음과 같이 그랬다.

"조용히 앉아서 혼자 생각해 보니 살아생전 한잔 술로 목을 축이는 것만 못하네. 내가 아들 조카에게 말하노니 이 늙은이가 너희를 괴롭힐 날 얼마나 되겠는가? 꼭 고기 안주 놓으려 하지 말고 술상이나 부지런히 차려다 주렴"

조용히 생각해 보니 사후의 일보다 살아 있을 때의 삶이 더욱 소중함을 깨닫고 자손들에게 한잔 술로 목이나 축이게 부지런히 술상을 차려주는 것이 효도라고 했다.

만년에 이규보가 간절하게 바란 것은 쌀밥에 고기반찬에 진수성찬도 아니고, 부귀공명도 아니며 불로장생도 아니다. 다만 자식들이 살아생전에 목이나 축이게 술상이나 부지런히 차려다 주는 것뿐이었다.

이 시가 우리의 가슴을 아리게 하는 것은 노인들의 한恨과 서러움이 진하게 묻어있고 꾸밈없는 소망이 그려져 있기 때문이다. 이러한 비원悲願은 시인만의 것이 아니기 때문이다. 이 땅에 사는 노인들의 소망이기도 하다.

요즘 세상에 어느 자식이 이 소망을 들어줄 것인가? 사후의 생보다 생시의 효가 진정한 효孝일 것이다. 우리 옛말에 효제충신孝悌忠信이라 했거늘 이중 효孝가 근본임을 잊어서는 안 되며 우리의 삶이 끝날 때 미련이 적을수록 인생을 잘 살았다고 말할 수 있을 것이다.

그러려면, 하루하루를 소중하게 여기며, 최선을 다해 살아야 하고, 또한 나이가 들수록 그동안 살아온 삶을 반추해 어떤 잔고殘高가 얼마나 남았는지 돌아보는 과정도 필요하다고 생각된다.

12. 태평양의 진주, 필리핀 세부 여행기旅行記

천주교 전주교구 남성 제77차 꾸르실료 동기생(9명)들이 2018년 5월 초 베트남 다낭 여행을 하기로 했는데, 트럼프 미국 대통령과 북한 김정은 간의 회담이 베트남 다낭에서 개최될 예정이라서 어쩌면 취소될 위기에 이르렀다. 그러나 동 회담이 싱가폴로 변경됨으로서 가까스로 다낭 여행을 할 수 있었다.

그리고 이번의 필리핀 세부 여행은 2024.2.21.-2.25간 동기생 7명이 하게 되어 두 번째 해외여행으로 2024년 2월 20일 저녁 한밤중인 0시 40분 전주 시외버스 터미널에서 만나 다음 날 01시 인천공항 행 고속버스에 올랐는데, 출발부터 겨울비는 추적추적 내리며 을씨년스러웠다.

2월 21일 04시경 인천공항에 도착, 짐 탁송에 이어 검색대를 통과해 기다리다가 06시 30분 필리핀항공으로 4시간 30만에 무사히 세부 막탄 국제공항에 안착했다.

나는 그간 필리핀 방문은 마닐라(2009.8월 초)와 라와크(2006.8월 초) 등 2회였으나 이번에는 세부 본섬과 사이가 바다로 갈라진 막탄시 소재 국제공항에 첫발을 딛게 된 것이다.

공항에 내려 막탄시를 벗어나 약 30여 km를 소형 버스로 달리니 또 다른 섬의 리조텔에 도착했다. 이곳은 약 5만여 평에 이르는 해수 수영장 둘레(360도)에 약 3층으로 리조텔을 지어 가히 수중 왕국을 건설해 놓았는데, 리조트 주인은 캐나다인이라고 하니 얼마나 부자인지를 한 눈으로 대변해 주고 있다.

필리핀은 서태평양에 위치한 동남아시아의 북쪽으로 루손해협 건너편에는 중국, 서쪽의 남중국해 건너편에는 베트남이 있다. 또한 섬으로 구성된 필리핀은 루손섬, 비사이스 제도, 민다나오섬 등 대략 세 개의 지역으로 나뉜다.

특히 필리핀은 스페인으로부터 식민 통치 370년 후 1898년 6월 12일 독립되고, 1986년 2월 25일 필리핀 제5공화국이 출범하여 오늘에 이르고 있으나 미국의 통치 44년(1946년 미국으로부터 독립)에 이어 일본의 통치 3년 등 외국의 식민 통치에 이골난 국가임에 틀림이 없다.

필리핀은 1521년 4월 21일 마젤란이 최초로 세부섬에 상륙

하여 발견된 나라인데 1521년 4월 27일 현지인들에 의해 마젤란이 살해되는 불상사를 겪게 된 후 1565년 스페인 로페즈 장군의 침입으로 함락되어 당시 스페인 펠리페 2세 치하였기에 현재의 필리핀이란 국호가 여기에 근거하여 탄생 된 것이라 한다.

필리핀은 대한민국의 6.25 전쟁 중인 1950년부터 1955년(휴전, 1953년)까지 UN 참전국으로 7,420명의 군인을 파병해 대한민국의 공산화 저지에 큰 역할을 한 고마운 나라이다.

필리핀은 한국 전쟁의 특수효과를 노려 연 14.5%의 경제성장과 아시아 2위 경제 대국을 이루었다. 과거 서울의 장충체육관도 필리핀 정부가 지어주었다.

그러나 필리핀은 토지개혁 실패와 마르코스 대통령의 부패와 외국인 투자 소홀 및 필리핀을 스페인으로부터 독립시켜준 나라는 미국이었음에도 코라손 아퀴노 대통령은 부농의 딸로서 우리나라의 강남 좌파며 극단적 반미주의자反美主義者였다.

코라손 아퀴노 대통령은 재임 시 주필리핀 미군기지 오. 폐수를 시비 걸어 필리핀 상원에서 필리핀 내 미군 주둔 연장을 부결시키자 미국은 미련 없이 철수하였고, 이로 인해 필리핀 경제 붕괴와 함께 중국은 기다렸다는 듯이 필리핀령 인스카보라 섬을 강점하였다.

결국 필리핀은 미군 철수로 인해 국운이 쇠퇴하여 많은 고통을 겪고 있는 가운데 필리핀의 대학 졸업 여성들 수십만 명이 해외로 나가 파출부를 하고 있다고 한다.

여기에서 나는 1964년 12월 10일 박정희 대통령께서 독일 뤼프케 대통령의 초청으로 파독 광부와 파독 간호사들을 만나 울음바다가 되었던 회고해 보고자 한다.

그 시절 UN(유엔)에 가입한 나라 120여 개 국가 중 당시 필리핀은 1인당 GNP가 170$였고, 태국의 1인당 GNP는 220$로 매우 잘사는 나라였으나 대한민국은 1인당 GNP는 76$로 아시아에서 가장 못사는 나라였고, 아프리카 가나보다도 못사는 나라였다.

*필리핀의 2024년 IMF 통계 기준 1인당 GNP는 4,169$이며 태국은2023년 말 기준 1인당 GNP는 7,802, 053$이니 대한민국의 1인당 GNP가 3만$를 상회하고 있음과 비교해 보면 얼마나 잘살고 있는지 전 세계에 자랑할만하다.

6.25 전쟁의 잿더미에서 출발한 오늘날의 대한민국은 1인당 국민소득이 3만$를 상회하고 있어 현재의 필리핀과 태국과 비교해 볼 때 얼마나 자랑스러운가를 여실히 증명해 주고 있으며 세계 10대 경제 대국의 반열에 올라 있다.

이는 대한민국이 민주화와 산업화를 동시에 이룩한 선진국으로 도약, 자유민주적 기본질서와 시장경제가 꽃피운 세계열강들이 부러워하는 나라로 성장동력은 국부 이승만 초대 대통령과 근면, 자조, 협동 정신으로 똘똘 뭉쳐 '하면 된다는 신념'으로 보릿고개를 탈피하고 산업화의 기틀을 마련한 박정희 대통령의 위대한 영도력의 산물임이 틀림없다.

 세부 본 섬의 인구는 약 400만여 명이며 이중 한인 동포는 코로나 전에는 8만여 명이었으나 현재는 약 4만여 명이라고 하니 세부에도 코로나 피해가 컸던가 보다.
 중국발 코로나가 세계 어디든 강타했으니 중국이 전 세계를 얼마나 할퀴었는지 짐작하고도 남아 중국이란 나라가 과연 국가인가? 라는 비난받아 마땅하다고 여겨진다.
 막탄 국제공항을 출발, 숙소인 Plantaion Bay(Resort와 Spa)로 가는 도중에 도로변은 매우 지저분하고 가난함 그 자체가 곳곳에 찌들어 있고, 사람이 차를 무서워하지도 않고 또 차는 사람을 의식하지 않는 등 무질서 그 자체로 보였다. 가이드(이글)에 의하면 한국은 교통 규칙을 잘 지키려다 사고가 나지만 필리핀 사람들은 교통 규칙을 지키지 않기 때문에 교통 사고율이 낮다는 역설적인 말을 들었다.
 세부 관광객의 90%는 한국인이고 정원 200여 명이 정원인 비행기가 매일 4편이 세부에 들어온다고 하니 가히 세부 사람들을 먹여 살리는 사람은 한국인이라고 해도 과언은 아니다.
 우리 일행은 바닷가에서 스노우클링과 바다낚시(?)를 즐겼으며, 리조트 바로 앞이 대형 해수 수영장이라서 관광객들의 수영을 보는 것도 하나의 눈요기가 되기도 했다.

여행 중 특이한 낙수 거리를 소개하고자 한다. 우리가 도착한 저녁 식사 때 대구에서 오신 분들인데 자기 아버지의 7순 생신을 맞아 아들, 며느리, 딸, 사위, 손자 등 8명(여자 3명, 남자 5명)이 생일 파티 노래를 부르기에 우리 일행도 함께 박수를 치며 '해피 버스데이' 노래를 합창했더니 우리 일행에게 케이크 2쪽을 건네주면서 함께 축하 노래를 해주시어 고맙다는 인사를 받은 바 있다.

둘째 날(2024.5.22.) 저녁 시사는 으른바 어메이징 디너쇼와 함께 저녁 식사 시간인데 식사 후 계산서를 보니 쇼 관람료로 12,100페소가 올라와 있어 우리가 속임수에 걸린 것으로 알고 총무(루카, 최연수)는 숙소에서 돈을 마련해 온 뒤 가이드에게 항의성 질문을 하자 숙박 요금에 포함돼 있다는 전언으로 한바탕 헤프닝을 연출한 바 있다.

3일째(2024.5.24.) 세부 시내 관광에 이어 쎈 안토니오 대성당을 방문했다. 이성당은 마젤란이 스페인 본토에서 가져온 아기 예수님의 유골이 안치된 성지라고 하는데, 많은 관광객들로 인해 매우 좁아 그야말로 인산인해였다.

귀국에 앞서 시간 보내기용으로 어메이징 쇼를 관람했는데 미화 60$로 다소 비싸다는 생각이 들기도 했으나 보기로 했다. 그런데 관람 도중에 무희 2명이 내 무릎에 앉아 이마에 뽀뽀해 조금은 쑥스럽고 난처했으나 나중에 보니 빨간색 염료가 이마 끝부분 머리에 묻어 잘 지워지지 않아 지우느라 매우 곤혹스러웠다.

공연 후 나에게 사진 촬영 요청이 있어 응해 주었으나 팁을 요구하자 내게는 팁으로 줄 만한 1$가 없고, 20$와 50$만 있기에 주지 못해 매우 난처했다. 그래서 귀국 후 현지 가이드(권영인, 이글)에게 찍은 사진을 카톡으로 보내면서 그 무희에게 5$를 전달해 달라고 하여 전달되었으나 나는 20,000원을 가이드 친구를 통해 전달하니 마음이 편안하고 기뻤다.

숙소에서 점심. 저녁 식사와 막탄 시가지 관광 때 우리는 멀티 캡이라고하는 트럭 같은 소형차를 타고 다녔는데, 이차는 우리나라 에도 그 옛날에나 있었던 트럭 같은 죄수 호송 시에 쓰였던 이른바 닭장차 같았다. 특히 한 줄에 5명 정도가 타는 차로 정원이 10명이라는데 머리가 천정에 닿을 듯해 여간 불편하지 않았다.

3박 5일 일정의 세부 여행을 마치고 2024.5.25. 06시 30분 인천공항에 토착해 아침 식사 후 전주로 내려왔는데 저녁에 심한 통증으로 고통을 겪어 다음 날 병원에서 코로나 검진 결과 양성 반응 판정을 받아 10일 동안 격리를 해야 했다.

이로 인해 큰처남이 원광대 병원에 입원하였으나 아내는 손가락 수술로 마디병원에 입원해 있고, 나는 코로나 격리 치료로 인해 문병도 가지 못한 채 2024년 3월 13일 하늘나라로 머나먼 여행을 떠나셨기에 애석하기 그지없다.

이번 필리핀 여행 기간 중 현지 가이드의 전언에 의하면 필리핀 국민 대다수는 한국인들에 대해 '코피노' 때문에 매우 부정적인 인식과 함께 최근 필리핀 여성들이 한국인과의 혼인 후 자국 여인들에 대한 학대 문제 등으로 우리나라에 대한 반민족 감정도 제기되고 있어 우리의 외국인에 대한 차별 대우 등 전반적인 개선책이 요구되고 있다.

13. 우리 '원' 직원으로서의 긍지와 보람의 삶

사람은 사회 활동을 하면서부터 어떠한 조직의 틀 안에서 살아감이 철칙이다. 가장 소규모 조직인 가족 구성원에서부터 일반사회의 친목회를 비롯해 평생직장 등 모든 조직에 속해서 생활하게 되어 있기에 같은 직장에서의 만남은 특별한 인연을 맺고 살아가기에 매우 중요한 만남의 장이라 할 수 있다.

이러한 관계 안에서 살아가고 있는 사람들의 유형들에 대해 세계은행 통계에 의하면 지구상에는 13억 명이 절대 빈곤 이하에서 살고, 8억 4천만 명은 굶주림으로 고통을 받고 있으며 해마다 1천 300만여 명이 생사의 기로에 처해 있다고 한다.

또한 세계인구 중 15억여 명이 60세 이전에 사망하고, 8억 8천만여 명은 의료 서비스를 받지 못하고, 26억여 명은 기초 위생시설조차 갖추지 못하고 살아가고 있으며 1990년부터 1997년간 에이즈 감염자가 1천 500만여 명 에서 3천 300만여 명 이상으로 증가했다고 하니 이런 수치로 본다면 기하급수적으로 늘어나고 있다.

특히 하루 1$ 미만으로 살아가는 사람이 13억여 명, 인터넷 사용자의 88%는 선진국 사람들이며 20억 인구가 전기 없이 살고 있으며 부유한 국민의 20%가 세상의 모든 재화의 86%를 소비하고 있다고 한다.

이러한 상황에서 이 시대의 광란한 리듬 안에서 살기 위해 우리에게 주어진 유일한 기회인 지금 이순간에 멈추어 서야 한다. 희망의 모험이 시작되는 곳은 바로 지금이기 때문이다.

국가 정보원 퇴직 직원들의 모임인 전주 양지회(회장: 한대희)는 문제인정부의 "탈원전 정책 추진으로 인한 전력난 심화에 따른 문제점 및 대책" 등을 비롯해 주기적인 소양 교육과 함께 현직과의 유대 강화에 주력하고 있어 여느 타 부처 출신 공직자들과 비교해 볼 때 국가관이 뚜렷해 국가안보의 역군으로 자랑스럽기만 하다.

지역 특성상 전북은 정치적으로는 민주당 일변도의 지지 성향으로 광역 단체장을 비롯하여 시장. 군수는 물론 도. 시. 군 의원 중 여당(국민의 힘)은 단 1명도 없는 민주당 일당이 지배하고 있다. 이러한 상황이기에 집 밖에 나가서는 정치적인 언동은 고사하고 특정인에 대한 일방적인 지지세로 인해 숨쉬기조차도 어려운 실정이다.

대한민국 정부 출범 이후 윤석열 정부에 이르기까지 줄기차게 야권만 지지해온 전북지역은 문제인 정부 5년 동안 각종 포퓰리즘의 만연, 국가 정보원의 대공 수사권 폐지, 전방 군부대 해체 및 대전차 방벽 장애물의 일방적인 철거, 탈원전 정책 추진, 북한과의 9.19 군사합의 등으로 국가안보의 근간을 무너뜨려 국민 불안이 지속되고 있다.

22대 총선(2024.4.10.)에서 전북지역 10개 선거구 모두 민주당의 석권(10석)으로 민주당 등 범야권은 하나로 뭉쳐 윤석열 정부를 꽁꽁 묶어 놓은 채 국정을 마비시켜 놓고서도 민생 파탄의 주범이 정부와 여당이라고 몰아붙여 혼란을 조장하다가 드디어 대통령을 탄핵해 하야시켰다.

이러한 현실을 누가 이렇게 만들었나? 에 대해 윤석열 전 대통령의 귀책 사유로 몰아세우 있는 데다 계엄 사태수습과정에서 행정 공무원을 비롯해 경찰, 검찰, 영관급 장교와 장성들까지도 정부 여당의 반대편에서야만이 자신들이 제일가는 국민인 양 행동하고 있어 그야말로 '악화가 양화를 구축'하는 형국이 오늘 대한민국의 현실이 아닐까? 싶다.

 이뿐만이 아니다. 영국 BBC 방송기자가 한국에서 25년간 근무 후 귀국해서 대한민국을 평가한 기사를 통해 판사들이 나라를 망하게 하고 있다고 지적한 바 있다니 참으로 대한민국의 보루인 사법부가 무너지고 있음을 우리는 깊이 명심해야 한다.

 특히 부처 간 기관 간 분쟁 사안 발생 시 헌법재판소에 제소하여 그 판결에 따라 기판력(확정력)이 발생하는데도 우리나라의 헌재 재판관은 일개 정당의 대리파견관이 되어 정당의 대변인으로 전락하고 말았다는 여론이 회자되고 있어 큰 문제점으로 대두되고 있다.

 그리고 전교조, 공무원 노조, 민주 노총과 전농 등은 반정부 활동을 지속적으로 획책하고 있어 사회불안이 가중되고 있으나 지역 분위기상 이를 극복하기란 참으로 난제 중의 난제가 아닐 수 없다.

 전북지역 지역 상황이 민주당과 이재명 대표에 대한 일방적 지지를 보내는 이른바 막가파식 상황으로 일반인들과의 대화에서 반민주당, 반이재명 이야기 한마디만 하면 금방이라도 '죽일 놈'으로 몰아세우는 험악한 분위기가 바로 이 지역 정서이다.

특히 천주교계는 전북지역 각 성당에 "윤석열 탄핵, 국민의 힘 해체, 진정한 민주주의 실현이란" 플래카드를 비상계엄 직후부터 걸어 놓고 신자들을 자극하고 있으며, 매월 첫 주에는 지역별로 순회하면서 대정부 규탄 시국미사를 하고 있어 일부 신자들의 공분을 산 바 있다. 도대체 대한민국의 천주교회는 누구를 위한 종교인가? 묻지 않을 수 없다.

또한 대전의 모 신부는 윤석열 대통령이 영국 등 유럽을 순방하고 귀국 중일 때 비행기가 추락하기를 바란다고 한 것도 신부로서 할 수 있는 언행인가? 생명 존중을 가장 중요시하는 천주교 신부가 할 말인가? 세상의 모든 사람의 귀를 의심케 한다.

밖의 세상은 이러할지라도 우리 직원들끼리는 언어가 통하고 정이 통하니 마음 터놓고 이야기할 수 있어 정말 마음이 후련해 사람 사는 맛을 느끼는 곳이 우리 직원들의 모임이다.

2025년 신년 월례 모임에서는 고 민OO 회원의 장녀(경숙)와 전주시 시 낭송 동호회원 2명의 부부가 함께한 시 낭송에서 민경숙님이 낭송한 윤석구님의 '늙어 가는 길'을 들으면서 살아온 지난날들을 반추해 볼 수 있어 매우 인상 깊게 느껴졌고 우리가 처음 가는 길이니 한 번쯤 공감하면서 함께 읊어 보고자 여기에 소개해 본다.

늙어 가는 길

처음 가는 길입니다
한 번도 가본 적이 없는 길입니다
무엇 하나 처음 아닌 길이 없지만
늙어 가는 이 길은 몸과 마음도 같지 않고
방향감각도 매우 서툴기만 합니다
가면서도 이 길이 맞는지
어리둥절할 때가 많습니다

때론 두렵고 불안한 마음에
멍하니 창밖만 바라보곤 합니다
시리도록 외로울 때도 있고
아리도록 그리울 때도 있습니다.
어릴 적 처음 길은 호기심과 희망이 있었고
젊어서의 처음 길은 설렘으로 무서울 게 없었는데
처음 가는 이 길은 너무 어렵습니다

언제부터인가 지팡이가 절실하고
애틋한 친구가 될 줄은 정말 몰랐습니다
그래도 가다 보면

혹시나 가슴 뛰는 일이 없을까 하여
노욕인 줄 알면서도
두리번두리번 찾아봅니다

앞길이 뒷길보다 짧다는 걸 알기에
한 발 한발 더디게 걸으면서 생각합니다
아쉬워도 발자국 뒤에 새겨지는 뒷모습만은
노을처럼 아름답기를 소망하면서
황혼길을 천천히 걸어갑니다

꽃보다 곱다는 단풍처럼
해돋이 못지않은 저녁노을처럼
아름답게 아름답게 걸어가고 싶습니다

  민경숙님의 시 낭송에 이어 50대 중반의 부부와 70대 초반의 부부들이 함께 낭송한 시는 부부간의 정이 흠뻑 담긴 내용으로 우리가 어떻게 부부애를 느끼며 살아왔는지 반성을 해볼 수 있었고 가슴이 뭉클해 오며 눈시울이 붉혀지는 여운을 남겨주기도 했다.
  30여 년의 세월을 함께했던 청년들이 이제는 서쪽 하늘에 붉게 타오르는 홍시처럼 달달 하면서도 어딘가 모르게 희미한 그림자로 남을 날들이 연상해 오니 조금은 허무하다는 생각이 앞서기도 하지만 동고동락해온 퇴직한 우리 국가 정보원 직원들이 마냥 자랑스럽기만 하다.

14. 아! 세상이, 우리나라 국민이 왜 이래

가황歌皇 나훈아는 '테스 형, 세상이 왜 이래!'로 센세이션을 일으켜 온 국민의 열렬한 반향을 일으켰는데, 그는 문재인 대통령 평양 방문 시 함께 방북해 평양 공연을 제안받았으나 단호히 거절하면서 인민 민주의 국가는 방문치 않겠다며 반공을 몸소 실천, 보여줌으로써 많은 찬사를 받은 바 있다.

이른바 정치권에서 예술인을 동원해 북한 정권에 영합하려는 시도를 가왕 나훈아는 결연히 배제한 채 예술인이 가야 할 정도를 확실하게 지킴으로서 많은 팬으로부터 추앙을 받는 계기가 되기도 했다.

범야권과 일부 반 국가세력층에서는 자유 대한민국의 기치를 내걸고 출발한 이승만 초대 대통령과 보릿고개를 없애고 산업화와 민주화를 동시에 이룩한 박정희 전 대통령을 독재자로 매도하고, 이 나라를 2분 법적으로 분리해 사투를 조장하면서 체제 전복을 노리고 있는 세력의 준동이 날로 深化(심화)

되고 있어 우리나라의 운명이 백척간두百尺竿頭라 하지 않을 수 없다.

마산고 1967년 졸업생인 '이용진 전국 고교연합회 정책 위원'이 적시한 우리나라의 현실을 개탄하는 내용이 SNS 등을 통해 유포되고 있어 이를 소개하고자 한다. 즉

후부일朽腐日
심지대하深之大廈
기국비국其國非國, 이는 날로 깊이 더 썩어가는 빈집 같은 이 나라는 지금 나라가 아니다. 지금으로부터 444년 전인 1574년에 이이(율곡)가 선조에게 올린 만언봉사萬言封事를 통해 적시한 바 있는데, 세월의 격차가 4세기를 지났어도 지금 이 나라는 그 시절의 조선 역사를 반복하고 있다고 적시하고 있다.

불법으로 대통령을 탄핵해도.
나라의 안보가 무너져도..
기업이 조국을 떠나고.
경제가 폭망해 가도.

청년 실업자가 이리 많아도.

청년들이 일자리를 찾아 조국을 등져도.

70년 공들여 이룩한 원전을 내팽게쳐도.
세금 갈취로 좌파들이 자기네들 세상 만들기를 즐겨도.
자유가 없어지고 일자리가 살아져도.
싸구려 감성 말장난에 영혼이 병들어도.

노조가 나라를 좌지우지 해도.
조작과 거짓말 언론들에 놀아나서 진실이 부정돼도.
그저 사육되는 개. 돼지로 살아가는 것이 마냥 즐겁고 신나는 꼴들을 하는 그들은 400년 전의 민초들 보다 나은 게 무엇인지,?!

그들에게서 무슨 희망을 찾을 수 있을까? 싶다,!
부정한 돈 받고 자살한 인간이 영웅이 되고
가짜 5.18 유공자가(6,000명이 넘음) 판을 쳐도.
한 달에 400만 원 넘게 국민 세금으로 충당을 해도.

타살의 흔적이 있다는 합리적 의심에 대한 의견을 묵살하고
자살로 몰아가도 침묵하는 인간들에게서 그 무슨 이야기를 찾을까 싶어진다,!

특히 배웠다는 사람들, 안다고 우기는 사람들, 가졌다는 사람들이 더욱더 그렇다. 한 마디로 역겹다, 모두가 김일성 장학생들 ,,,,,,

조국의 안위를 위해 분투하다 전사한 국군 장병들을, 모욕하는 저 정치꾼들에 대해 침묵하는 자들은 과연 양심은 있는가 묻고싶다,?!

진정 나라가 아니다,!

꼰대 보수(자유 우파)들은 침묵하라고 한다지? 그러면 그들은 지금 이 중차대하고 위기의 순간에 무엇을 하고 있는지,?

불의가 정의가 되는 것을 보고도 침묵하는 것은 그놈들과 공범들이다.

요즘 당신들은 무슨 생각으로 세상을 살아가고 있는지,?

아직도 그 누군가가 당신을 대신해줄 것이라고 기다리고 있는 것인지,?

행동하지 않는 것은 아무것도 하지 않는 것이다. 얼마나 더 망해 봐야 알겠는지,?

습관적인 개탄은 그만하고, 행동 오로지 행동으로 옮겨야 한다,,!

이런거 알고도 잠이 제대로 오는가? 작금의 우리나라 현실을 보면서 수수방관하고 있지 않나?

돌대가리가 아니면 안보가 전부 무너지는 소리가 나는데도 좌파를 지지해야 좋은지 나쁜지를 판단해 보라,?

당신은 지금 어찌 해야 되겠는가?라고 지적하면서 나라의 장래를 매우 심도 있게 걱정하고 있음을 우리 대한민국 국민 모두는 가슴에 손을 얹고 곰곰이 생각해 봐야 할 것이다.

22대 국회의원 선거(2024.4.10.)에서 당선된 자들은 스스로 4번 놀란다는 말까지 세간에 회자會炙되고 있다. 즉

첫째 나같이 형편없는 자도 당선된다는 것에 놀라고,

둘째 모든 국회의원들이 나같이 형편없다는 것에 대해 놀라며,

셋째 이런 자들이 국회의원을 하는데도 나라가 그럭저럭 돌아간다는 것에 놀라며,

넷째 그럼에도 불구하고 이런 자들이 다음에 또 당선된다는 것에 놀란다고 한다.

이번 22대 총선 당선자들 가운데 수십 번의 중대 범죄 전과자, 2심에서까지 징역형을 선고받고도 당 대표에다, 원내 대표, 역사 왜곡을 밥 먹듯이 하는 자, 불법 자금 대출자 등등 인격 파탄자들이 판을 치는 나라 꼴이 어쩌다가 이렇게 도덕성을 상실하고 말았는지조차도 알 수 없게 되다니 과연 우리나라는 어디로 가고 있는 것일까? 개탄하지 않을 수 없다

22대 총선(2024.4.10.) 결과 범야권 192석, 여당 108석 의석

배분은 21대 국회에서보다 더 야권의 입법 독주와 폭거가 우려되고, 윤석열 대통령에 대한 탄핵 추진 동력을 촉발할 것으로 예상돼 정국 혼란이 우려된다.

특히 2024.5.30. 개원한 22대 국회 본회의에서 해병대 사망자 특검법과 대통령의 거부권을 무력화시키려는 반헌법적 작태를 표출함으로써 시작부터 여興. 야野 간 전운이 감돌아 '108석 갖고 범야汎野 192석을 상대해야 할 여당의 108번뇌가 느껴진다'. 는 지적도 나오고 있다.

또한 11월 미국 대선에서 트럼프 당선 시 주한미군 철수를 북한과 협의하겠다고 천명하고 있어 우리 국내 상황이 동북아 안보에도 역작용으로 대두될 전망이며, 22대 총선에서 우리 국민이 선택한 최악의 카드가 정국 안정과 국가안보에 큰 부담이 예상된다.

현재의 여당(국민의 힘) 내에는 당을 주도적으로 이끌면서 대야 투쟁에 대한 대책도 미흡해 자유 우파를 지지하는 국민이나 자유 보수파의 리더쉽 부족이 큰 문제점이 되고 있다.

또한 현 집권 여당인 '국민의 힘'은 최면에 걸려 22대 총선 결과에 대한 반성도 없이 당의 단합도 지지부진하고, 자기들끼리 내부 총질에 혈안이 되어 갈팡질팡하고 있어 자유 보수를 지향하는 국민도 매우 식상하고 있다.

사람으로서 갖추어야 할 네 가지 마음가짐인 인의예지仁義禮

智가 무너진 처참한 현실을 우리 국민은 이번 22대 국회의원 선거를 통해 여실히 보여줌으로써 우리나라 교육에서 과연 무엇을 가르치고 따라야 하는지 좌표를 잃게 되어 참담함을 금할 수 없다.

보수 논객들은 "대한민국 국민에게 이렇게 좋은 나라를 만들어 놓고, 제발 정신 똑바로 차리자! 라고 하면서 전 세계 여러 나라를 다 가보아도 대한민국과 같은 나라도 찾기 어렵고 별로 보지도 못했다"고 술회하고 있다.

또한 후진국에서 개도국을 지나 선진 OECD 가입국이 되었다느니, 원조를 받던 나라에서 원조하는 나라가 되었다느니, 건국과 부국의 대통령들, 골치 아픈 통계수치 등은 꺼내지 않아도 아래와 같은 사례들을 보면서 자랑스러운 우리 조국의 현실을 올바로 인식해야 한다고 다음과 같이 강조하고 있다.

첫째, 치안이 확보된 나라
둘째, 의료체계가 전 세계 제일의 나라
셋째, 도로망이 세계적인 나라
넷째, 편의시설이 자랑스러운 나라
다섯째, 공무원이 괜찮은 나라
여섯째, 애국심이 투철한 나라
일곱째, 휴식문화가 풍성한 나라

여덟째, 먹거리가 즐거운 나라
아홉째, 여성 상위의 나라라고 격찬하고 있다.

이것은 엄연한 현실이다. 이렇게 좋은 나라에서 제발 정치만 바로 서주길 바라고 있으나 작금의 사태로 보아 싹이 노랗다고 할 수 있다.

세간에 회자會炙 되기를 국민은 1급, 기업은 2급, 경제는 3급, 정치는 4급이라는데 더러운 정치 4급 정치 모리배들을 청산하지 않고서는 나라가 결코 제대로 바로 설 수 없다고 주장하고 있다.

그러니 이런 4급의 정치 모리배들을 선거로 뽑는 것은 결국 국민이다. 그래서 국민은 다시 5급쯤 되나? 돌고 돌아 꼬리를 무는 이런 의문에 또다시 절망하게 된다. 그리고 눈에 핏발이 시뻘건 일부 노동자들과 기업이야 죽든 말든 자기 배만 불리는 강성 노조가 있는 한 대한민국의 앞날을 가늠하기조차 어렵다.

여러 악조건 속에서도 정치를 제외하고 위에 열거한 아홉을 달성하여 이렇게 좋은 나라를 만들어 놓고도 우리는 무책임한 선동꾼, 반국가 세력들에게 세뇌당하고 휘둘려 남 탓만 하면서 우리 자신을 자학하고 있음이 참으로 안타깝기 그지없다.

내가 낸 세금을 자기 돈인 양 공짜 선심 쓰겠다는 인간들은 철저히 배격하고, 제발 남 탓만 하지 말며, 정신을 가다듬어 이 나라를 올바르게 가꾸고 더욱 좋은 나라로 풍요롭고 융성 발전시켜 나아가기를 우리 젊은 후손들에게 진정 바란다는 여론이 지배적이다.

대한민국 국민이라면 모두에서 주장한 마산고 1967년 졸업생, '이용진 전국 고교연합회 위원'의 제언과 우리나라 보수 논객들의 주장을 새겨듣고, 진정한 회개와 함께 어떻게 해야 나라가 제대로 돌아가는지를 알아차렸으면 좋겠다고 생각해 본다.

늦었다고 할 때가 가장 빠르다고 했다. 그래서 바로 지금 시작 해야 할 때다. 나라의 운명이 잘못되고 난 뒤 후회해본들 아무 소용이 없다. 그때 가서 여與. 야野 따져본들 때는 늦는다.

대한민국 국민이여! 미몽에서 하루속히 깨어나 자유민주적 기본질서 확립과 시장경제를 꽃피우는 대열에 앞장서야 한다고 강조해 본다.

아! 이 나라가 지금 어디로, 어떻게 가고 있는지? 앞이 보이지 않아 안타까움만 커 간다.

15. 대자 부부와 '꿈길 여행'의 기쁨

나는 화산동 성당에서 새 신자 7명에게 대부를 섰고, 송천동 성당에서도 9명의 대부가 되었으나 대자들을 위해 신앙생활의 활력소가 될 수 있는 역할을 충실히 하지 못한 미흡함을 나 스스로 반성해본다.

화산동 성당에서는 권유에 따라 7명을 대자로 두었으나 1명은 서울로 이사하여 6명이 1996년 이후 현재까지 끈끈한 정을 이어오면서 설날과 추석에는 서로를 기억하며, 간단한 선물로 정을 나누고 있는 신실하고 보배로운 대자들이라고 자부한다.

송천동 성당에서는 10명에게 대부를 섰으나 2명을 제외한 8명은 성당에 나오지도 않고 이사, 잠적한 상태여서 한때는 대부를 괜히 섰다고 개탄스럽게 생각했으나 그래도 나로 인하여 신앙생활의 디딤돌이 되었고, 또 어떤 곳에서는 신앙인으로 생활하고 있음에 너그럽게 여기며 살아가고 있다.

고통과 어려움 앞에서 모든 것을 하느님께 의지하는 믿음이 튼실한 현 화산동 성당 사목회장인 임경구 안토니오와 이채윤 헤레나 부부와 우리 부부 등 네 명이 2024.7.8.-7.9간 여수 백야도로 1박 2일간 여행을 하기로 1개월 전에 약속했었다.

그러나 7월 8일 아침부터 추적 주적 장맛비가 내려 여행 출발에 앞서, 비로 인해 모처럼의 오붓한 여행이 되지 못할까? 하는 아쉬움도 있었으나 여수지역에는 비 소식이 없다는 일기예보 검색에 따라 임경구 안토니오의 운전으로 10시경 여수로 향했다.

임실 지역에 접어드니 비는 오지 않고 바람은 살랑살랑 부는 데다 햇볕이 없어 이렇게 여행하기 좋은 날이라는 설래임 속에 즐겁게 가속 페달을 밟아 여수 백야대교를 향해 출진했다.

백야도에 도착해 송천동 성당 산악회 회원들과 트레킹 때 와서 먹어 보았던 수제 손두부를 먹으면서 여사장님께 숙소와 먹거리를 문의하니 백야도보다는 낭도가 좋다고 권유해 주셨다.

우리는 백야도에서 24km 떨어진 낭도로 향했는데, 수 없이 펼쳐지는 리아스식 해안선에 오르내리는 구름 띠와 밀리고 밀리는 파도의 흩어짐이 한 폭의 수채화 같다는 느낌이 드는 절경 그 자체에 감탄했다.

백야도는 여수 땅이나 낭도에 접어드니 이곳은 고흥 땅이었기에 참으로 많이도 왔다는 생각이 들기도 했다. 낭도에는 숙소, 먹거리도 시원치 않아 잠시 둘러본 후 화산동 성당 신자 따님이 고흥 외나로도에서 호텔을 한다기에 그곳으로 방향타를 잡았다.

섬과 섬들 사이에 연결된 다리들을 건너 이어지는 해안선은 드라이브 코스로도 최고라는 생각과 함께 우리나라의 아름다운 풍광과 발전된 대한민국이 매우 자랑스럽게 여겨졌다.

　여느 외국 여행에서도 느껴보지 못한 절경들이 해무로 뒤덮여 한 폭의 그림이 펼쳐지는 파노라마 속을 지나니 옹기종기 늘어선 섬들에 취하고, 연무에 취하고, 우리 대자 부부의 온정에 취해 즐거운 꿈의 여행길의 환희를 즐길 수 있었다.

　이태리 카프리 섬, 베트남의 하롱베이 섬들, 카리브 제도의 섬들이 좋다 한들 우리의 산하가 품고 있는 이 천하절경이 이렇게 자랑스러울 수가 없는 아름다운 풍광을 보면서 우리나라의 보배가 바로 여기이구나! 라고 느꼈다.

　외나로도 우주. 항공 호텔에 여장을 풀고 보니 깨끗한 잠자리에 저녁 식사에는 다금바리 회와 양주 맛을 내뿜는 약술 등으로 매우 흐뭇함을 느꼈고 이다음에 또 와야겠다고 다짐도 해 보았다.

　이튿날 아침 TV에서도 보았던 쑥섬을 뜻밖에 관광할 수 있었는데, 이 지역 '건강약국' 약사 부부가 섬 전체에 화단을 가꾸어 놓았기에 아늑하고 화려하면서도 신비로운 정감을 느낄 수 있는 아름다운 섬이었다.

　그러나 옥에도 티가 있듯이 여기저기에 수국꽃을 잘라서 군데군데 쌓아 놓았기에 흉측스러워 보여, 이다음 쑥섬에 올 때는 6월 말경이 적기라는 생각과 함께 다소 아쉬운 마음도 들었다.

쑥섬 전망대에 오르니 1965년 8월 초 대학 1학년 때 우리 덕송회德松會 회원(12명)들이 전남 여수시 삼산면 손죽도리 소거문도 분교에서 2주간의 봉사활동을 했던 소거문도가 지척에 있음에도 해무로 인해 몽환적인 동양화의 한 폭을 볼 수 없어 매우 서운했다.

쑥섬에서 나와 약 1시간을 달려 우주. 항공 관제소 기념관 겸 전망대에 도착했다. 전망대에 오르니 전망대 밑판이 360도 회전하고 있음도 매우 인상적이었고, 이 전망대에서 외나로도에서의 우주선 발사 실황을 관망할 수 있다니 참으로 경이로움을 느꼈다.

전망대에서 바라보니 바다 위에 점점이 떠 있는 섬들의 아름다운 자태와 두 개의 해수욕장이 파노라마처럼 펼쳐져 있어 감탄사가 저절로 터져 나오면서 이다음 기회에 다시 와 즐거운 해수욕장의 아늑함과 시원함을 만끽 해 보기로 결심도 해봤다.

나는 이번 여행이 대자 부부와 더불어 꿈길 같은 정겨운 여행이 되게 해주신 하느님께 감사기도를 드리면서 이렇게 의미 있는 여행은 평생 잊지 못할 추억의 한 장르를 마련했다고 느껴진다!

16. 제주 올레길, 각 지역 둘레길 트레킹 일화들

추억의 해제 반도 앞, 임자도 트레킹 이야기

2012.5.28. 송천동 성당 신산회(회장: 박병래 마르코) 회원 41명은 아침 07시경 전북은행 송천동 지점 앞에서 전남 무안군 임자도 본섬 트레킹을 위해 출발했다

임자도는 수도, 재원도 등 4개의 유인도와 60여 개의 무인도로 이루어진 섬으로 서해안 임자도와 전북 부안군 위도 간의 리아스식 해안이 북한의 간첩 침투가 빈번한 취약지역이다.

전주를 출발, 그 옛날에는 비포장도로에다 9시간이 넘게 소요되었는데 3시간 반 정도를 달리니 무안군 몽탄, 고막원, 현경을 지나자 낯익은 해제 반도가 눈 앞에 펼쳐지고 반도를 잇는 도로도 확. 포장돼 있었다.

내가 사귀던 김OO 선생님을 만나기 위해 1969년 11월 20일과 1970년 10월 17일 등 두 번을 방문했던 해제면을 통과해 임자도에 이르렀다. 그런데 해제면을 통과하면서 한 폭의 옛 이야기가 뇌리를 스친다.

김OO 선생님과는 군 생활 2년 반 동안 사귀었고, 전역과 함께 심장의 동력이 멈춰 그녀와의 풋사랑(?)은 신기루가 되었는데, 42년 전의 아련한 추억을 떠올리며 찾아온 임자도 트레킹

에서 옛날의 추억이 되어 한 장의 파노라마가 펼쳐져 가슴이 아려왔다.

그간 고군산열도 중 신시도 월령봉과 일령봉 등을 두루 다녔음에도 그 무렵에는 산행이나 운동을 하지 못했기에 이번 임자도의 최고봉(257m) 트레킹을 마치고 내려오니 평지에서도 걷기가 어렵고 발이 매우 아파 매우 곤혹스러웠다.

그날 임자도 트레킹 후 해제만 포구에서 병어 회 잔치를 벌였고 유창호 부인 김정임 릿따의 생일이라며 정자 위에서 그의 친구인 김영미 바르바라와 춤을 추던 모습이 지금도 아련히 떠오른다.

중국 태산 트레킹 이야기

송천동 성당 신산회(회장: 박병래 마르코)에서 제주도 올레길(26개 코스, 425km)과 지리산 둘레길을 비롯하여 서해안 탐방로, 백두산과 중국 태안시에 있는 태산을 각각 트레킹하고 있어 나도 중국 태안시 소재의 태산과 제주 올레길 트레킹과 기타 둘레길 트레커로 참여하였다.

2012년 2월 23일-27간 회원 28명이 당시 송천동 성당 김영신 바오로 주임 신부님을 모시고 인천-연태 간 페리호로 중국 청도 경유, 태안시 에 있는 태산(2,040m)을 트레킹 했다.

인천에서 배로 16시간 항해 끝에 중국 연태에 도착, 버스로

8시간을 달려 태안시에서 1박 후 회원들은 태산을 걸어 올라오고 신부님과 김형칠 콜베, 이효삼 율리아노, 나 등 4명은 곤도라로 정상에 도착하니 매서운 찬바람으로 인해 살점이 떨어져 나갈 것 같이 매우 추웠다.

　어찌나 추운지 도저히 견딜 수 없어 두꺼운 내의를 현지에서 사 입으니 견딜만했으나 이제부턴 등산화가 나를 괴롭힌다. 새 신발이라서 엄지발가락에 신발이 닿아 도저히 걸을 수가 없다.

　가까스로 내려와 16만여 원으로 새 신발을 샀으나 그것도 2개월 후 익산 나바위성당에서 신학원 졸업생들의 피정에 참석했다가 저녁에 마을 사람들이 내 신발을 도적질해 갔기에 신부님께 말씀을 드리니 '신부인 내가 뭘 압니까?' 하기에 나는 뭐 저런 신부가 있느냐? 고 거칠게 항의하였으나 신발을 찾지 못하고 슬리퍼를 신고 집에 돌아왔다.

　태산 트레킹을 마치고 귀국길에 선상에서 쫑파티가 열렸다. 그날 밤 선상 파티에서 당시 김용권 회원의 입교 이야기가 나오자 나는 김용권 회원에게 귀국한 후 내가 교리지도 교사를 할 때 입교하라고 하니 술도 취한 터라 바로 귀국해 입교해 예비자 교리교육을 받겠다고 했다.

　귀국해 곧바로 황보용남 교리 교사에게 예비자 교리교육을 받은 후 세례를 받았는데 내가 대부를 서게 되었다. 그날 선상

쫑파티에서 김용권 회원이 입교하겠다고 선언(?)할 때 부인인 김미순 도로테아님은 매우 흔쾌한 반응을 보였는데, 20여 년을 함께 등산하면서도 입교하지 않았기에 도로테아님의 심정을 충분히 이해할 수 있었다.

이와 관련하여 2022년 5월 '송천 월보'에 "대자가 대부에게" 제하의 글을 올렸고 6월 호에는 "대부代父가 대자代子에게" 제하의 글을 올리게 돼 있었기에 대자 김용권은 세례받은 지 10년을 맞이하여 앞으로 열심히 신앙생활을 하겠다는 다짐으로 글을 올림에 대해 대부인 나는 다음과 같이 답글을 썼다.

10년 전 김영신 바오로 신부님을 모시고 중국 태안에 있는 태산 트레킹 후 중국 위해에서 인천으로 돌아오는 페리호가 서해 푸른 바닷물결을 가르며 5대양 6대주를 향해 힘찬 레이스를 펼칠 때 그날 밤 '잊지 못할 갑판 선상 파티'를 기억하십니까?

김영신 바오로 신부님과 우리 성당 신산회 회원들에게 귀국해서 교리교육을 받겠다는 각오를 피력할 때 20여 년의 산행을 함께 해 오신 김미순 도로테아님께서 매우 흐뭇해하신 그 모습을 나는 영원히 잊을 수가 없다.

부부는 일심동체이자 생각의 끈은 같은 방향으로 이어져야 한다. 하느님 나라의 상속자로서 거듭 태어나 이제 10년이 되었으니 '10'이란 수치 중 '0'은 허수이니 '0'을 떼어내면 '1'이

된다. 시간의 처음도 '1초', 하루의 시작도 '1일', 한 달과 1년의 시작도 '1'로 시작하듯 바로 이제부터 우리는 시작의 첫발을 내디디어 성찬례 참여로 더욱더 한마음이 되어 성령 안에서 주님의 부활을 기쁘게 증언하는 신앙인으로 살아가야 한다고 당부한 바 있다.

충남 서해안 해변 둘레길, 트레커의 좌절 체험

2023년 7월 둘째 주 토요일 충남 서해안 마량 해변 길 트레킹에 참여했다가 아주 곤혹스러운 일을 당했다. 5월 30일 아내(권근애 루시아)의 어깨 골절상 수술로 인해 나도 걷기 등 운동을 조금은 소홀히 한 탓도 있으나 해안가 둘레길이 올라갔다 내려갔다 하는 조금은 험한 길었다고 여겨졌다.

총 17.5km였는데 2/3 지점을 통과할 즈음 조금 올라가는 길이었는데 걷기에 매우 버거웠다. 나는 우리 회원들과의 산행에서 평소에는 선봉대에서 매우 경쾌한 종주를 해 왔는데 도무지 걸을 수가 없어 헉헉하는 등 터덕거렸다.

이때 마침 이내연 친구로부터 전화가 왔다. 왜 숨소리가 좋지 않다고 하기에 충남 서해안 둘레길 탐방 중이라고 하니 이제 우리 나이엔 조심해야 하니 무리하지 말라고 하는 순간 주저앉고 말았다.

올라갔던 지점을 통과해 내려오는 길은 괜찮았으나 종점이

5km 남았다고 하는데 양쪽 허벅지에 쥐가 나기 시작하니 한 걸음도 걸을 수가 없어 주저앉고 말았다. 이때 박병래 마르코와 황이택 토마스 모어 두 형제가 가 양 허벅지를 주무르고 마사지하여 겨우 걷기는 했으나 지팡이를 짚고도 내려가는 데는 다리가 덜덜 떨리고 매우 힘이 들었다.

언제나 가장 앞장서서 걷던 것과는 달리 맨 꼴찌에서 터벅거리면서 과거 군대 생활에서 3일 동안을 철야 행군 때도 겪어보지 못한 일이었고 이번에 닥치고 보니 언제나 사전에 꾸준히 운동하면서 체력을 단련시켜야 한다는 평범한 진리를 다시 한번 체험했다.

제주 올레길 및 기타 둘레길 이야기

나는 2024.4.11.-4.16.까지 제주도 올레길 트레킹에 참여했고, 총 4회에 26개 코스 중 10개 코스를 종주했다. 지리산 둘레길을 비롯하여 남해의 비토섬, 여수의 연대도, 백야도와 서해안 해안선 길 트레킹에도 참여했는데, 남해안의 섬들을 트레킹할 때면 은빛 물결이 일렁이는 바다를 보면서 걷다 보면 운치에 젖어 자연히 낭만의 힘이 솟구쳐 오른다.

제주도 올레길은 2022.8.17.-8.19.까지 천주교 전주교구 사회 사목국 화랑 봉사단 제주 연수회 참석 때 올레길 2번 코스(17.5km)를 완주했는데, 선발 대장은 유승연 마리오 신부님

(전주 선너머 관장 신부)이었다.

　제주 올레길 2번 코스는 주로 해안가로 이어지는 코스인데 해안선을 따라 올라갔다 내려갔다 하니 돌길이 많고 걷기에 힘이 들었으나 길 순례 자체가 아기자기하고 운치는 있음에도 날씨가 워낙 더워 팥죽 같은 땀으로 목욕을 하는 것 같아 매우 곤혹스러웠고 힘이 많이 들었다.

　우리 성당 신산회 회원들과의 제주도 올레길 트레킹은 2021.4월 처음으로 참여해 올해(2024년) 세 번째로 참가했다. 세 번 모두 목포에서 페리호로 왕복했는데 비행기보다 훨씬 운치 있고 재미는 있었으나 첫날 비좁고 어설픈 배 속에서 잠을 잔 후 아침 식사에 이어 곧장 15km-18km를 걸으니 조금은 무리라는 생각이 들기도 한다.

　이번 코스는(2024.4.11.-16.까지) 16, 17, 18, 19코스인데 이제 마지막 코스가 얼마 남지 않아 내년이면 모든 코스를 완주할 예정인데, 물빛이 고운 해안 길을, 한가로운 마실길을, 그리고 낮은 오름길(우리는 보통 산이라고 함)을 파란색 리본을 따라 무작정 뚜벅뚜벅 걷다 보면 하룻길의 종착점에 이른다.

　매회 갈 때마다 저녁에는 쫑파티가 있어 회원들과의 친화력을 한결 다질 수 있어 좋았고 신부님을 모시고 가기에 매일 미사를 드릴 수 있어 더할 수 없는 기쁨이 배가되고 충만하게 느껴진다.

올해 제주 올레길 트레킹 후 돌아오는 선내의 식당에서 삼삼오오 모여 앉아 소주잔을 기울이며 우의를 돈독히 할 수 있어 좋았고 내년에는 제주 올레길 마지막 기회라고 하여 트레킹에 참여한 고령자(김형칠 콜베, 김동수 스테파노, 박종선 마티아 등) 3명이 참여키로 결의했다.

그리고 2025. 4. 21.-15일간 회원 44명이 한라산을 등반키 위해 이번에는 올레길 2코스만을 선택했다. 그러나 한라산을 4월 22일에 오르려 했으나 당일 비가 예견돼 있어 4월 22일은 제주지역 6개 천주교 성지중 4개소를 순례키로 했는데 좁디좁은 제주도가 이렇게 클 수가 있을까? 동쪽에서 서쪽으로 출발 때는 비. 바람이 엄청 강했으나 서쪽으로 다가가자 날씨는 매우 좋아 4개소의 성지순례를 잘 마쳤다.

다음날 34명은 한라산을 등반했고 잔여 10명이 백록담까지의 등산을 포기함에 따라 내가 10명을 인솔하고 사라오름까지만 탐방키로 출발했으나 3명은 3km도 못가 중간에 포기하고 7명이 '사라오름'에 도착했는데 산정의 호숫물이 3m 이내도 잘 보이지 않아 매우 서운했다.

진안 고원길 트레킹 이야기

2024년 5월 4일 트레킹에는 전북지역의 길은 처음이다. 진안 고원길인데 13.5km로 진안읍 월락 체육관에서 마령면 사무소까지의 길이나 실제로 걸어보니 18km였다. 이 진안 고원 길이 전국에서 고원길로서는 최고라니 자부심도 가질 만하다고 느껴진다.

우리는 진안읍 월락 체육관에서 내려 박병준 필립보 신부님께서 사목했던 진안성당으로 향했다. 성당은 매우 넓고 고즈넉해 마음의 평화를 가져다준 심터(?)라 여겨졌다.

잠시 쉬는 동안 김동수 스테파노 친구에게 신동균의 전화를 묻고 통화를 했는데 내가 중학교 졸업 이후 같은 동네 같은 골목에서 함께 살았음에도 62년 만에 처음으로 사진을 보아도 도무지 얼굴이 떠오르지 않아 어디에서 보면 전혀 알 수 없는 얼굴이다.

순간 어찌나 눈물이 쏟아져 나오는지 한동안 갈피를 못 잡고 울면서 옛 생각에 잠겨 있었다. 세월이 흘러도 너무 많이 흘러 늙어 있으니 나만이 늙은 게 아니라 동균이도, 종선이도, 세월도 모두 늙어 있으니 누굴 원망하랴! 한숨만이 절로 나올 뿐이다

진안 고원길은 고즈넉하고 시원한 그늘 밑을 걸으면서 생각해 보았다. 제주 올레길이나 서해안 둘레길은 시원하고 확 터진 바닷가여서 시각적으로 후련함을 느낄 수 있었으나 진안 고원길은 꽉 막힌 숲속 길이었기에 오히려 아늑하고 시원해 여름날 산행으로써는 안성맞춤이었다.

더더군다나 이번 길은 아내(권근애 루시아)의 첫 부임지인 마령 중학교가 있는 곳이기에 색다른 정감을 느낄 수 있어 매우 좋았는데 아내가 함께 왔더라면 의미 있는 트레킹이 될 수 있다고 생각했으나 잘 걷지를 못하기에 조금은 아쉬움으로 남는다.

전북 서해랑 길 41코스 트레킹 이야기

송천동 신산회(회장: 박병래 마르코)는 2006.6.10. 창립하여 2006.6.15. 진안 성수산 등반에 회원 8명이 참가한 이래 2024.6.8. 서해랑 길 트레킹으로 창립 18주년을 맞이하여 종료 후 케이크 커팅과 함께 창립 18주년 기념식(?)도 함께 열렸다.

창립 18주년 기념으로 회원 32명이 2024.6.8. 07:30분 전북은행 송천동 지점에서 출발, 와룡 성당 신자들과 합류해 전북 고창군 구시포 해안가의 전북 서해랑 길 41코스(구시포 해변-심원면 사무소 간) 19.7km 트레킹을 위해 출발했다.

아침부터 전국에 비가 내린다는 예보에 따라 우의와 우산을 준비했으나 나는 우의를 빼고 우산만 준비했는데, 현지에 도착하니 빗줄기가 세차게 쏟아져 포기할까? 하다가 우산을 받고 참여했다.

*서해랑 길 41코스는 전북 고창군 구시포 해수욕장에서 동호 해수욕장과 서해안 바람공원을 거쳐 심원면 사무소까지 19.7km를 걷는 구간이다.

서해랑 길은 처음부터 끝까지 바다와 어깨를 나란히 하고 걷는데 이 길은 자연과 생태계가 살아있는 해안과 역사와 문화, 예술이 함께 숨 쉬는 마을이 뒤섞여 있어 독특한 체험을 할 수 있는 전북의 자랑스러운 갯벌 체험 현장이기도 하다.

나는 이번 전북 서해랑 길 41코스 트레킹에 불참하려다 참가했는데, 2024. 5. 22.-5. 27간 급성 쓸개염으로 입원한 후 퇴원했기에 조금은 자신이 없어 포기하려다 조심스럽게 참여했다.

이번 트레킹은 평지에다 아스팔트 길이라서 간헐적으로 비가 내렸다 그쳤다 하는 가운데에도 곧게 뻗은 해안선과 드넓은 갯벌을 바라보며 걸으니 우리 전북지역 내에 이렇게 좋은 갯벌이 유네스코에 등재되었다는 것도 처음 알게 되어 무척 자랑스럽게 여겨졌다.

우리 일행은 고창 수산진흥원에서 내수면 어족 자원과 바다 생물들에 대한 축양 시험장을 둘러보면서 꽃게 치어들이 참깨한 알 만한 크기를 보면서 참으로 신기하다는 생각도 들었다.

수산진흥원 앞 소나무 숲 밑에서 점심 식사 후 나는 오후 트레킹은 포기했는데, 결론은 아주 잘한 거였다. 왜냐하면 비가 갠 후 따가운 햇볕으로 인해 매우 힘겨웠다는 소식에 나는 5

일간 입원이라서 안도할 수 있었다.

　미리 목적지에 미리 도착해, 장어와 수주를 깃들이긴 했으나 정자에서 쉰 후 승차할 때 보니 모자를 정자에 놓고 왔기에 돌아오면서 정읍 휴게소에서 모자를 새로 샀다.

　저녁에 집에 도착해 목욕 후 저녁기도를 궐한 채로 잠자리에 들어 자고 났더니 몸도 마음도 매우 상쾌해 어제의 트레킹은 매우 좋았다.

충북 영동 양산팔경, 금강 둘레 길 트레킹 이야기

　송천동 성당 산악회원 41명은 2025. 5. 10. 충북 영동군 양산면을 끼고 흐르는 금강 변의 아름다운 절경 여덟 개를 꼽아 양산팔경이라 부르는 둘레 길을 트레킹했다.

　금강은 전북 장수군 수분리 뜸봉 샘에서 발원하여 충청남도 일대를 휘감아 돌아 전북 군산 앞바다로 흘러드는 강으로 전북의 강이라 할 수 있는데 이 금강이 충청도민과 전북도 일부의 생명의 젖 줄 역할을 다하기에 더더욱 친근감이 드는 강이다.

　현지 출발점에 도착할 때는 바람도 제법 세게 불고 가랑비가 오락가락한데다 바람을 안고 걸으니 조금은 춥게 느꼈고 여건은 좋지 않았으나 약 2km쯤 올라가니 강을 따라 데코 길로 강을 따라가니 주변의 우거진 송림에다 졸 졸 졸 흐르는 금강물을 따라 나도 함께 떠내려가는 느낌이었다.

이 코스는 송호리 일대 금강 상류의 맑은 물과 100년 이상 된 송호 관광지 주변에 잔잔하게 흐르는 금강을 끼고 숲길 약 6km를 돌아오는 순환형 코스인데 너무도 고즈넉하고 맑은 물과 함께 유유히 흐르는 강변의 강선대降仙臺는 매우 아름다운 명승지였다.

비교적 짧은 트레킹 일정을 마치고 귀가 도중에 '금산 700 의총'을 처음으로 방문했다. 잘 다듬어진 국가 문화유산으로 왜적을 물리친 혁혁한 전적지이다. 왜적은 전라도 곡창지대를 공략, 군량미를 확보하는 동시에 일본으로의 곡물 유출을 위해 우회 공격 루트로 금산을 택했으나 우리 의병들이 철통 경계 작전으로 수많은 희생자를 내면서 그들의 의도는 수포로 끝이 난 전투로 유명한 전적지이다.

또한 금산군 진산 성지를 방문했는데 이곳은 윤지충 바오로와 윤지헌 프란치스코의 형제와 권상연 야고보(이들은 외종사촌 간)의 어린 시절을 보냈던 곳이자 윤지충 바오로의 어머니의 깊은 신앙심이 깃든 곳이다.

한국 최초의 순교자인 위 3인은 전주 관아로 끌려가 전주 남문에서 효수된 후 유골을 찾지 못했으나 순교 230년 만에 전주시 덕진구 원동 초남이 밭에서 발견되어 현재 초남이 성지에 안치되었다.

이러한 유서 깊은 성지가 재작년에 왔을 때는 매우 허접했으나 오늘 와 보니 웅장한 모습으로 탈바꿈하여 매우 성스럽게 여겨졌으며 바로 이곳이 조상의 제사를 반대하고 민주화를 이루었다는 역사적인 성지라는데 머리 숙여 경배를 드린다.

제3부

기고 글 모음

1. 말씀을 간직하고 실천하는 믿음

　물방울이 모여 시냇물이 되고, 또 강물이 되고 나아가 큰 바다로 모이는 것은 낮고 넓은 곳으로 흘러가려는 물의 습성 때문이다. 씨앗은 비록 작아도 끊임없이 자라고 열매를 맺으려는 열망이 있기에 그토록 아름다운 꽃을 피운다.

　1초가 쌓여 하루가 되고 하루가 쌓여 한 사람의 전 생애를 이루듯이 아주 적은 습관 하나가 사람을 변화시킬 수 있다. 주님께서 "이스라엘아, 들어라!"(신명 6,4)고 하셨다. 신앙의 첫 출발은 '들음'이기에 듣는 귀를 갖는 것이 변화와 회개의 시작이다. 듣지 못하면서 무턱대고 결심하고 계획하는 일은 알지도 못한 길을 무작정 나서는 무지한 사람들의 반복된 죄악이다.

하느님께서 사람을 창조하신 것은 필요 때문이 아니라 넘치는 사랑 때문에 당신의 모습으로 창조하셨고(창세 1,27), 또 하느님께서 흙의 먼지로 사람을 빚으시고, 코에 생명의 숨을 불어넣으시니 사람이 생명체가 되었다.(창세 2,7)는 말씀을 잊지 말아야겠다.

하느님께서 우리를 성 삼위 합일체合一體에 초대한 것은 하느님과 우리가 상호 관계를 바라신다는 뜻이며, 하느님의 사랑은 인간을 심판하는 것이 아니라 진정한 인간다움으로 인도하여 새로운 삶을 살아가도록 하는 초자연적인 힘, 즉 하느님 자신의 힘을 부여하는 것이다.

바오로 사도는 "사람은 마음으로 믿어 의로움을 얻고, 입으로 고백하여 구원을 얻는다."(로마 10,10)고 하였다. 믿음이 머리에서 맴돌다가 심장(마음)을 거쳐 발끝까지 이르지 못하면 실천이 없는 믿음이기에 그 믿음은 죽은 것이다.(야고 2,17) 그러므로 믿음은 머리와 입술을 넘어 몸에서 구현되어야 한다는 것이다.

존경하는 그리스도교 신자 여러분!

혼자서 애쓰고 노력하고 다듬는다고 세상은 바뀌지 않는다는 것을 꼭 알아야 한다. 늘 함께 나누고 채워 나가면 세상은 놀랍게도 풍요롭고 행복해지는 것임을 잊어서는 안 된다.

우리 모두 한마음으로 결집하여 "하느님께서 보시니 좋았다"라고 칭찬받는 공동체가 되도록 절차탁마切磋琢磨 하는 마음가짐을 가져야 한다. (2020.3.2.)

2. 입으로 고백한 믿음, 오롯이 삶을 통해 실천하자

세례로 하느님의 자녀가 된 우리는 '아버지의 뜻을 실행하는' 사람들이다. 입으로만 고백하는 것이 아니라(마태 7,21), 삶을 통해 고백하는 것이다. 진정한 믿음은 사랑으로 행동하는 것이며(갈라 5,6), 이러한 믿음이야말로 율법을 완성하도록 우리를 이끌어 준다. 율법도 하느님의 '사랑', 또 '사람의 사랑'이라고 규정하고 있다.

우리는 입술로만 "나도 하느님을 사랑해요. 나도 부모님을 사랑합니다. 나도 이웃을 사랑합니다"라고 말을 한다. 사실 사랑은 얼마든지 논하고 사랑을 이야기할 수 있다. 그러나 입술 사랑은 쓸모없는 사랑이기에 입술 사랑이 반드시 손 사랑(베푸는 사랑)으로 이어져야 진정한 사랑이라는 것을 명심해야 한다.

사랑이란 매우 추상적이기 때문에 우리는 느낌으로서 주고받게 된다. 그래서 갓난아기도 느낌으로 엄마의 사랑을 충분히 느낄 수 있고, 의사소통이 잘 되지 못하는 장애인이라 할지라도 충분히 사랑을 주고받을 수 있는 것과 같이 사랑은 생명을 창조하는 힘이 있다.

가톨릭 성경 73권 안에 담긴 수천 년의 역사, 수많은 저자들의 메시지를 요약, 종합할 수 있는 단어는 사랑이다. 요한 1서 저자는 "하느님은 사랑이십니다"(1 요한 4,8)라고 선언한다. 하느님의 사랑은 인간의 이성으로 헤아릴 수 없을 만큼 그저 크고 깊기 때문이다. 이러한 정의는 계시의 정점을 드러내는 동시에 그리스도교 신앙을 반영한 것이다. 성경은 사랑이신 하느님의 자녀인 우리의 삶도 사랑이어야 한다. 고 규정하고 사랑을 실천하라고 가르치고 있다.

하느님의 말씀을 듣고 그 뜻을 찾고 실천하는 것은 사람들의 삶을 변화시키는 원천이기에 말씀을 듣는 것은 그 힘과 늘 새롭게 마주하는 것이다. 물고기는 물을 떠나면 죽고, 은총 안에 있는 생명은 말씀을 떠나면 죽는다. 물고기의 양식은 물속에 있고 사람의 양식은 말씀 속에 감추어져 있다.

물고기는 물속에서 유영遊泳을 즐기나 사람은 하느님과 함께 하는 여정旅程 안에서 영원한 생명을 향유享有하는 것이다. 물고기가 물을 떠나면 죽고, 꽃을 꺾어 놓으면 시들어 말라 죽게 되듯이 그리스도교 신자들도 그 몸체인 교회에 튼튼히 밀착되어 있지 않으면 죽은 목숨이나 다름이 없다.

교회는 부활이신 그리스도의 현실적인 몸이기 때문이다. 따라서 그리스도인의 삶은 예수그리스도의 임재臨在를 끊임없이 느끼면서 입으로 고백한 믿음을 우리의 삶 안에서 실천으로 온전히 고백해야 한다. (2021.4.27.)

3. 하느님의 세미細美한 음성을 듣는 믿음

하느님의 음성은 때로는 사람의 삶을 바꾸기도 하고 사람의 일생을 결정하기도 한다. 칼데아 지방 우르에 살던 아브라함은 하느님의 음성을 듣고 고향, 친척, 아버지의 집도 버리고 무조건 떠났다. 갈 곳을 모르고 유랑하다가 가나안까지 온 그는 땅에 대한 약속과 자식에 대한 약속을 받았고 마침내 그는 믿음의 조상이 되었다.

우리는 바로 오늘 이 자리에서 마음의 문을 열고, 나에게 주시는 하느님의 세미한 음성을 듣는 하루하루가 되어야 한다. 고목은 나뭇잎을 낙엽으로 대지에 떨어뜨릴 때 그 사명을 다하고, 인간은 임종에 즈음하여 하느님 안에서 평화와 기쁨을 누릴 수 있을 때라야 가장 아름다운 경지에 이르는 것이기에 우리 인생은 현재 진행형이다.

오늘 이 자리가 바로 천국이기에 오늘의 기쁨을 만끽하면서 "하느님 보시기에 참 좋다"라고 칭찬을 받을 수 있도록 열성을 다해 나를 사랑하고, 하느님을 사랑하고, 온 우주 만물을 사랑하는 '나'가 되어야 한다. '나는 훌륭하게 싸웠고 달릴 길을 다 달렸으며 믿음을 지켰습니다. 이제는 정의 월계관이 나를 기다리고 있을 뿐입니다'(2 티모 4,7) 라고 한 바오로 사도의 말대로 신앙생활에 매진해야 한다!

쓴물 곁에는 언제나 한 나무가 자라고 있는데, 그 나무를 잘라 쓴 물속에 집어넣으면 그 물이 달고 맛있게 된다는 이야기를 기억해야 한다. 이는 독소와 해독제, 또 병균과 치료제 등은 항상 가까이에서 찾아볼 수 있다는 가르침임을 우리는 이미 잘 알고 있다. 우리나라 천주교 역사상 초유의 사태를 몰고 온 '코로나바이러스 19 사태'를 극복하고 하느님께서 주시는 신비, 그 빛의 회오리 속으로 들어갈 수 있음에 찬미와 감사를 드리는 바이다.

사랑하고 존경하는 그리스도인 공동체 구성원 여러분! 참으로 보고 싶고 만나 보고 싶고 그리워했던 우리가 아닐까? 싶다. 우주 만물, 그리고 모든 사람에게는 그 나름으로 때가 있기 마련이다. 즉 받을 때가 있으면 줄 때가 있고 슬플 때가 있으면 영광을 누릴 때가 있기 마련이고 한 번 왔으면 가야 할 내 본향이 있기에 우리는 내 것이 항상 내 것이 아니라는 것을 잊지 말아야 한다.

  세상은 나를 기다려주지 않고 나를 보호해 주지도 않는다. 또 세상은 내가 얼마나 적응하느냐에 따라 나를 받아줄 뿐이라는 사실을 깨닫고 우리의 모든 삶 안에서 주님의 세미細美한 음성을 들어야 한다.

  또 매일 매일 낡은 옷을 벗어버리고 새 옷으로 갈아입기란 얼마나 번거롭고 혼란스러운 일인가를 스스로 깨우칠 수 있는 지혜와 힘을 주시라고 하느님 아버지께 청하면서 우리의 삶 전체를 하느님께 의탁해야 한다. (2020.11.21.)

4. 하느님 사랑의 실천 전도사를 맞이하는 '나'가 되자

  세월은 허공을 날아가는 새처럼 아무런 흔적도 없이 재빨리 지나가는데도 세상사는 아무리 두어도 매판마다 달라지는 바둑처럼 새롭기만 하다. 그렇게 세월은 무정하고 미래의 일을 알 수 없으니 오늘이 소중하지 않을 수 없다는 것을 미리 체득

한 자원봉사자 학교 교육과정에 참여한 형제자매님들이 한자리에 모여 하느님 사랑의 실천 전도사를 자임하며, 서른 시간의 짧은 수련을 위해 함께 한 학생들의 눈빛에서 "주님께서 얼마나 좋으신지 보고 맛 들인 분들"의 선택이라는 것을 느꼈으며, 또 "하느님께서 지어내신 당신의 모상인 우리"를 보시면서 보시니 참 좋았다! 라고 말씀하시지 않을까요? 라고 자문자답도 해 보고 싶어진다.

행운목 한 줄기 한 모퉁이에서 싹이 보이는가 싶더니 작년 1기에 이어 올해도 한줄기의 이파리가 돋아나 쑥쑥 자라나고 있으니 이 얼마나 대견스러운 일이라 하지 않을 수 없다.

점점 고령화 사회가 급속도로 심화深化 되고 있어 노인 사목의 필요성이 증대되고 있는 가운데 천주교 전주교구 사회 사목국社會 司牧局의 역점 사업으로 하느님 사랑 실천 의지를 확고히 다지기 위해 자원봉사자 학교의 개강은 매우 적절한 판단이었다고 생각한다.

이러한 대세에 부응하기 위해 우리 자원봉사자 학교 교육과정 이수에 참여한 학생들은 현세적 가치를 추구하지 않고 하느님의 말씀을 열심히 묵상하며 실천하려는 의지에 충만한 하느님 전사들의 표상이라고 할 수 있다.

특히 이들은 열심히 배우고 실천하는 것을 선택한 사람들, 또한 썩어 없어질 양식이 아니라 같이 남아 영원한 생명을 누리게 하는 양식을 선택한 사람들이라고 생각하니 이 지혜는 인간의 머리에서 나온 것이 아니라 하느님에게서 나온 것임을 알게 된다. 그러기에 우리는 주님께 더더욱 감사드리고 더 의탁할 수 있기를 기대해 본다.

특별히 이번 자원봉사자학교 이수를 통한 만남이 우리 모두에게 하느님께서 주신 소중한 선물임을 명심하고, 감사드리며 학생들의 열정이 한여름의 열기보다 더 뜨거웠고 열성을 다해 가르쳐주시는 워킹 맘 김지수(바실리사) 선생님의 영육 간에 건강도 함께 기원해 드리고자 한다.

아무리 맹렬한 바람도 최후에 멈출 때는 가벼운 깃털도 날리지 못하고, 강한 화살도 사정권의 끝에서는 얇은 천도 뚫지 못하고 아무리 큰 힘도 쇠퇴하여 최후를 맞이할 때는 아무런 역량을 발휘할 수 없다.

이렇게 형세 변화에 따른 역량의 변화를 부정할 수 없음이 만물의 이치임에도 불혹을 훌쩍 뛰어넘어 이순 아니 고희, 미수를 향해 화살처럼 날아가는 시간 속에서 야무지고 아름답게 익어가는 의지의 형제자매들이 한자리에 모여 춤추고 노래하며 서로 얼굴 맞대고 파안대소하는 모습에서 천진난만한 어린이가 되어감을 볼 때 하느님께서 "우리가 어린이처럼 되지 않으면 하느님 나라에 들어 수 없다는 말씀"을 마음속 깊이 새겨온 형제자매님들이라 여겨지니 참으로 대견스럽다는 생각이 앞설 때 이야말로 성령님의 도우심이 아니고서는 불가하다고 여겨진다.

 이 짧은 기간에 배우고 익힌 실력(?)을 토대로 아름답게 익어가는 노년의 삶을 더욱 신명 나게 살아가시는데 일조할 수 있게 우리의 사명을 다해야 한다. 고 생각하며, 사랑 자체이신 하느님께 우리의 모든 것을 오롯이 바쳐 '한 줌' 또는 '한 점'에 불과한 우리 생애 전부를 그분께 내어드리고 부단한 노력을 다해 서른 시간 배움의 기틀이 활짝 핀 한그루의 꽃이 되고 튼실한 열매를 맺도록 기원하면서 복자 야고보 알베리오 작 시作詩 한편을 되뇌어 본다.

 하느님이 주신 위대한 선물인 시간은
 선한 일에도 쓰고

 사람을 죄로 이끄는 나쁜 일에도 쓰입니다.
 어떤 사람은 갖가지 보석을 넣어둔

 도금한 보석함을 아주 소중히 다룹니다.
 시간도 그렇게 다루어야 합니다.

 시간 속의 만남에서 살아가는 인생의 맛을 창출해 낼 수 있도록 우리 자원봉사자학교 이수자들은 다음과 같이 다짐해 보고자 한다.

첫째, 세월의 무게를 머리에 이고 천상을 향하여 묵묵히 살아가시는 분들에게 더 신명 나고 활기찬 삶을 사시도록 전심전력을 다해서 도와 드리고

둘째, 하느님 사랑 실천의 전도사가 될 수 있도록 확고한 신념과 사명감이 앞서야 한다고 다짐해 보는 기회가 되었으면 좋겠다.

(2020.12.31.)

5. 우리 삶 안의 '각오 遺傳子'를 찾아 나서자

"뱃속에 가두어둔 말씀이 심장 속에서 불처럼 타오르니 제가 그것을 간직하기에 지쳐 더이상 견뎌내지 못하겠습니다."(에레20,9)라고 고백한 에레미아 예언자는 주님 때문에 날마다 놀림감이 되어 모든 이에게 조롱을 받을지라도 말씀을 선포해야 한다고 대변하고 있다.

참으로 경탄스러운 것은 저항할 수 없는 하느님의 힘이다. 인간의 반대를 무릅쓰는 것 보다 하느님의 말씀을 저항하는 것이 무엇보다 더 힘들다는 것이다. 위 본문의 의미는 자유에

대한 우리의 생각을 새롭게 한다는 것이다. 즉 충실히 수행해야 할 사명이 힘들면 힘들수록 우리는 보다 자유로워진다는 것이다.

꿀벌의 천적인 말벌이 자기네 벌집을 습격하면 일벌들은 도망을 치지만. 파수병 역할을 하는 벌들은 죽음을 무릅쓰고 용감하게 덤벼든다고 한다. 그래서 이런 파수병 역할을 하는 꿀벌에게는 각오 '유전인자遺傳因子' 라는 것이 있다고 한다.

우리도 살다 보면 수많은 각오를 해야 할 때가 있다. 파수병 꿀벌처럼 정말 죽음까지 각오해야 할 정도는 아니어도 크고 작은 희생을 받아드려야 할 때가 있다. 그래서 가능하다면 파수병 꿀벌들의 각오 유전자를 빌리고 싶기도 하다.

바오로 사도는 로마서(12,1-2)에서 이 세상에서 그리스도인이 갖추어야 할 자세를 밝혀주고 있다. 누군가의 발이 걸리게 만들어 넘어지게 하는 걸림돌이 되지 않으려면 바오로의 권고를 각오 유전자로 우린 안에 받아드려야 할 것이다.

묵은 습성의 옷을 입은 채로는 아씨시의 '성 프란치스코'와 같은 새 인간이 될 수는 없다. 새 인간이 되려면 먼저 가난하신 그리스도의 사랑에 의해 묵은 존재가 온통 부서져야 한다. 그리스도인의 쇄신은 새로운 삶의 기준과 이 시대의 인간실존과 자유에 대한 새로운 시각이 요청된다.

이러한 맥락에서 볼 때 세례는 묵은 인간을 그리스도의 옷을 입은 새 인간이 되게 하여 하느님의 빛을 따라 영적 쇄신의 길을 걷는 첫걸음이 될 것이다.

  시계에 세 개의 바늘이 있다. 시계에서 초침의 끈이야말로 황금의 길인 것이기에 1초, 1초를 아껴 살아야 1초가 세상을 변화시킨다는 진리를 알게 될 것이다. 우리가 변하기 위해서는 그리스도와 일치를 이룰 수 있는 '각오 유전자'를 내 안에서 열심히 발굴해 나가야 한다. 아멘 (2021.11.7.)

6. 하얀 어둠 속에서도 우리를 인도하시는 주님을 따르자

  우리 인생사에서 한 줄의 시를 남기듯 많은 이들과 함께한 공들인 시간도 잘 가꾸고 잘 가다듬지 못하면 허공으로 날아가는 구름이기에 우리 신앙인은 한순간이라도 우리 안에 주님의 임재臨在를 깊이 간직해야 한다.

  '하얀 어둠 속'이란 흔히 우리가 운전할 때 볼 수 있듯이 운전 중 별안간 대낮에 나타나는 안개 띠를 이루는 말로 이 띠로 인해 자칫 운전자의 귀중한 생명을 잃을 수 있기에 운전자는 정신을 바짝 차리려 운전을 해야 하며 이 하얀 어둠 속에서도 우리를 인도해 주시는 주님이 계심을 잊지 말아야 한다.

  우리 신앙인들의 마음속 깊은 곳에 자리하고 계시는 주님의 임재에 감사드리면서 우리 영혼의 모양을 열심히 가다듬고 아름다운 마음을 간직한다면 우리는 이 세상을 더욱 의미 있고 재미있게 살아 수 있으리라 확신한다.

햇볕과 비바람에 기대야 하는 농사일이든 날씨와 전혀 무관한 컴퓨터 앞에서의 일이든 세상사 그 모든 것에는 모두 다 '때'가 있고 따라야 할 순리가 있어 이를 무시하고 하는 사람이 제아무리 날밤을 지새우고 애쓴다고 해도 헛일일 뿐이다.

우리의 계획이 아무리 철저해도 그 '때'를 원하는 대로 정할 수 없고 우리의 노력이 치열해도 그 순리를 만들어낼 수는 없기 때문이다.

우리의 몫은 모든 것을 마련해 주시는 주님의 큰 시간 안에서 힘을 다하고, 모든 것을 완성하시는 주님의 순리를 믿고 기다리는 일일 것이다. 그럴 때 우리는 흘린 땀으로 흐뭇해할 수 있고 주님께서 우리에게 허락하신 결실을 기대할 수 있을 것이다

시편(127,1)에 "주님께서 집을 지어주시지 않으면 그 짓는 이들의 수고가 헛되리라. 주님께서 성읍을 지켜주지 않으시면 그 지키는 이의 파수가 헛되리라 했다. 그러기에 미래의 안전을 도모하기 위해 모든 시간을 낭비하는 것은 헛된 일이다. 눈이 멀고 둔감하면 우리는 현재의 순간이 우리를 위해 준비해

둔 기쁨과 사건들을 지나쳐 버린다.
 주님께서는 우리 각자에게 지극히 사랑스러우며, 놀랍고 아름다운 특별한 계획을 갖고 계시기에 우리 신앙의 지표를 주님의 눈높이에 맞추어 놓고 계속 전진해 나아가야 한다."
(2022.7.30.)

7. 우리 안에 그리스도가 형성되기까지 복음의 씨앗을 심자!

 바오로 사도는 "자녀 여러분, 그리스도께서 여러분 안에 모습을 갖추실 때까지 나는 다시 산고를 겪고 있습니다"(갈라 4,19)라고 하였다. 어머니는 그 태중에 잉태한 생명이 자라고, 세상에 태어나기까지 모든 것을 바친다. 바오로 사도는 갈라디아 신자들에게 어머니 같은 분이셨다.
 갈라디아 신자들은 믿음이 부족해 바오로보다 거짓 복음 선포자들에게 더 많은 열정을 기울였다. 그러므로 바오로 사도는 갈라디아 신자들이 참된 그리스도인이 되기까지 다시 해산의 고통을 겪지 않을 수 없다고 강조한 것이다
 우리 신앙의 여정을 한마디로 말한다면 그리스도가 내 안에 형성되기 위해, 또 나의 이웃들 안에 그리스도가 형성되기 위해서는 해산의 고통이 수반 되어야 한다는 것이다. 복음을 위

해서라면 어떤 아픔과 고통도 아랑곳하지 않으셨던 바오로 사도의 모습이 가슴 깊이 느껴진다. 우리도 이점을 곱씹어 반성해야 한다!

　서양 연극에 '단지 15분'이 있다. 이 연극의 주요 내용은 어려서부터 총명한 청년이 어느 날 종합 검진 결과 "단지 15분 후면 죽는다"는 것이었다. 청년은 모든 상황이 믿기지 않았을 것이다. 바로 그때 그 청년에게 전보가 날라 왔다. "삼촌이 운명했으니 속히 재산 상속 절차를 밟으라!"라 하였으나 그에게는 아무 소용이 없었다.
　그리고 또 한 통의 전보가 날라 왔다. "당신의 박사학위 논문이 올해의 최우수상을 받게 되어 축하한다"고 하였음에도 이 청년에게 전혀 위안이 되지 못했다. 절망에 빠진 그에게 또 한 통의 전보는 "그토록 애타게 기다리던 애인이 혼인 승낙을 했다"는 내용이었으나 이 역시 그 청년의 시계를 멈추게 할 수는 없었다. 마침내 15분 후 그는 숨을 거두었다는 것이 연극의 줄거리이다.
　시간은 강물 같아서 막을 수도 없고 되돌릴 수도 없다. 인도의 격언에 "언젠가 우리는 떠날 것이다"가 있다. 이것이 추상적인 은유가 아닌 인간실존의 핵심이다. 그러기에 모든 것은 '때適期'가 있다.

이 '때'를 잘 잡으면 성공의 길이요 영광의 길을 걸을 수 있겠으나 놓치면 어찌 될 것인가는 자기 자신이 스스로 자문자답해 보아야 한다.

믿음의 삶과 세상의 삶을 함께 살아가는 우리 신앙인은 세례를 통해 하느님의 뜻을 실현해 나가도록 지혜와 힘과 용기를 받았기 때문에 우리 나름대로 한계와 부족함이 있긴 하지만 내 안에, 그리고 이웃 안에 그리스도가 형성되기까지 복음의 씨앗을 열심히 심어야 하겠다고 굳게 다짐해야 한다.
(2022.7.31.)

8. 그리스도교 운동의 '일치'를 위해 한 알의 밀알이 되자!

그리스도교 일치 운동의 씨앗은 마음의 회개를 이루며 예수님께서 걸어오신 발자취를 따라야 가능하다. 오늘날 교회에서 '일치'는 성체성사를 통해 그리스도를 모심(영성체)을 뜻한다.

'그리스도교 일치를 위한 기도문'에서 주님과 아버지께서 하나이시듯 주님을 믿는 모든 이가 하나 되기를 바라셨나이다. 저희는 같은 믿음으로 세례를 받고 같은 주님을 모시면서도 서로 갈라져 주님의 뜻을 이루지 못하고 있나이다.라고 적시하고 있기에 일치는 아직도 요원하다는 뜻으로 해석할 수 있다.

2000년 1월 18일 교황 바오로 2세는 바오로 대성전에서 회칙 "하나 되게 하소서" 결론 부분(제102항)에서 그리스도교 일치에 대한 열망에 대해 강조하신 점을 그리스도교 신자들은 마음속 깊이 새겨야 한다.

인간의 잣대로 볼 때 세례받은 모든 사람의 완전한 일치를 향한 여정은 아직도 멀었다고 생각된다. 교회 일치를 위한 도전은 가늠할 수 없이 깊은 파스카 신비에 더욱 견고하게 뿌리내리게 한다.

자신을 포기한 순간 아버지는 물론 인간과의 일치도 상실한 것처럼 보인 예수님은 현재 교회 사이에 존재하는 분열의 상징이다. 이 분열의 상처에서 예수님의 얼굴을 발견하고 이 슬픈 상황에서도 예수님을 열정적으로 사랑한다면, 우리는 완전한 일치로 나아가는 길을 발견하게 될 것이다. "밀알 하나가 땅에 떨어져 죽지 않으면 한 알 그대로 남고, 죽으면 많은 열매를 맺는다"(요한 12, 24)는 말씀은 복음의 핵심이다. 예수님은 가장 먼저 이 말씀대로 사셨기 때문이다.

예수님은 우리를 사랑하시기에 이 땅에 오셨고 아버지의 뜻과 온전히 일치했기에 이 세상을 구원하려는 하느님의 계획을 완성하시기 위해 오셨다.

우리 그리스도교 신자 모두는 예수님의 십자가 죽음과 부활에 동참하였기에 예수님과 한 몸이다. 여기에서 하나 됨은 성체성사에 참여할 때 실현된다. 부활하신 그분은 당신과 우리, 우리 아버지와 우리를 성령 안에서 하나 되게 하신다.

그리스도교의 완벽한 결합(일치)이 가장 중요한 요체임에도 2000여 년이 지난 1991년 10월 31일 독일 아우스부르크에서 각 종파 대표들이 모여 '의화론義和論'에 관해 일치를 보았으나 그 외에는 아직도 일치의 기미를 찾지 못하고 있어 우리는 그리스도교 일치를 위해 한 알의 밀알이 되도록 온정성을 기울려야 한다. (2023.12.24.)

9. 교회는 마리아와 마르타 모두 필요하다

베타니아 잔치에서 마르타와 마리아 이야기(God talk)는 루카(10, 38-42)와 요한(12, 1-3)에서 거의 비슷하지만 더 좋은 몫을 택했다는 구절에서 무언가 마음이 석연치 않다고 느낄 수 있을 것이다.

마리아가 좋은 몫을 택했다면, 부엌일을 하는 마르타는 덜 좋은 몫을 택했다는 것일까? 그럼 누구는 마리아이고 누구는 마르타인가? 등등 많은 성서 학자들이 이 질문을 놓고 어떻게 각자의 삶이 자리에서 이 이야기를 해석할 수 있을까? 를 고심하고 있다고 전해지고 있다.

예수님과 제자(13명)들이 마르타 집에 들렸는데 마르타는 부엌에서 음식을 만드느라 경황이 없었고, 마리아는 예수님의 발치에서 가르침을 듣고 있었다.

마르타는 함께 음식을 힘들게 음식을 만들고 있는데, 어떻게 마리아는 저렇게 모르는 체하고 앉아만 있을 수 있단 말인가? 참다못해 마르타는 예수님께서 가서 "마리아에게 저를 도우라고 명하세요!" 라고 명령조로 말하였으나 예수님께서는 "필요한 것은 하나 뿐이니 마리아는 좋은 몫을 선택하였다. 그리고 그것은 빼앗기지 않을 것이다"라고 말씀하셨다.

청소, 요리, 육아 등 가정사가 바쁘다는 핑계로 다른 사람의 말을 귀담아들을 시간이 없다면 삶의 가치가 있을까? 우리 한번 생각해 볼 필요가 있지 않을까 싶어진다. 우리는 하느님과 이웃을 위해서 많은 일을 한다고 생각할지 모르나 우리에게 필요한 일은 곁에 계신 예수님께 필요한 것을 해 드리는 일일 것이다

마르타는 적극적이고 일 중심의 인물이라면, 마리아는 수동

적이고 내적 중심의 인물이다. 이렇게 성품과 가치관이 다른 두 자매가 서로 이해하지 못하고 못마땅하게 생각하면 둘은 원수처럼 될 것이다. 우리가 다른 사람과 범사에 임할 때 실과 바늘이 될 것인지? 아니면 고양이와 개 사이가 될 것인지? 둘 중 하나를 선택해야만 하는 것이 순리이다.

누군가의 말을 진심으로 들을 때 그 사람의 말은 우리 생각에 영향을 주고, 생각이 바뀐다. 그렇게 되면 행동이 바뀌고, 행동이 바뀌면 삶의 방식이 완전히 바뀌게 된다.

한가지 꼭 기억하면 좋겠다고 생각된다. 바로 예수님께서 우리에게 가장 바라시는 것은 그분의 말씀을 듣는 것이다. 우리가 그분의 말씀을 듣게 될 때, 말씀은 예수님의 새로운 은총을 언제나 충만하게 받아 낼 수 있는 "새 부대"로 우리를 변화시켜 주시기 때문이다.

요한복음(12,2-3)에 의하면 마르타는 그사이에 많이 성장해 불평불만 없이 예수님을 위해 시중들면서 행복해하고, 마리아는 예수님께 향유를 부어드리면서 행복해하는 것을 보면 이야말로 상생의 효과이다.

우리 교회 안에서 마르타와 마리아 모두 소중하고 필요하다는 확신을 갖고 예수님께 완전히 의탁하는 삶 안에서 행복을 추구해야 한다. (2023.4.23.)

10. 신앙의 열정에 마침표가 있어서는 안 된다

   알파요 오메가이신 창조주 하느님을 믿는 우리는 인생의 좌표를 어떻게 잡아야 할까? 를 항상 염두에 두어야 한다. 하느님을 철석같이 믿기란 참으로 쉽지 않다. 왜냐하면 믿음은 우리의 생각과 상식을 뛰어넘기 때문이다.
   내가 알고 있거나 생각한 대로 예측 가능한 대로 흘러간다면 믿음이란 참으로 쉬운 일일 것이다. 그러나 하느님께서는 인간의 눈에는 불가능한 것이 당신께는 가능하다고, 못하실 일이 없으시다고 말씀하신다. 즉 전지전능 하시다.
   우리는 주님의 말씀에 언제나 감사와 찬미를 드리고 있는지, 아니면 우리 생각과 판단에 따라 쓴웃음을 짓고 있는지 항상 생각해 보아야 한다. 신앙인이라면 세례 때의 그 뜨거운 열정을 절대로 잊지 않아야 하고 신앙의 마침표나 머뭇거림은 분명히 없어야 한다.
   그런데 우리는 사상 초유의 코로나19라는 괴물(?)이 평온한 세상 완전히 거꾸로 뒤집어 놓으면서 우리의 삶의 지평, 또는 신앙생활의 좌표까지도 온통 흩어 놓은듯하다. 미사도, 성사도, 성당 내에서의 각종 모임은 물론 다른 이와 만나는 것도 조심스럽고, 실내외에서 사람들이 내게 가까이 다가올 때도 괜히 두려움이 앞섬도 거부할 수 없는 현실이 되고 말았다.

그러다 보니 주일 미사는 물론 매일 미사도 거르고 점점 아무것도 하고 싶지 않고 매너리즘에 빠져들고 있는 것은 아닌지 우리 스스로 자가 진단을 해 보아야 한다.

우리는 아브라함을 믿음의 조상이라고 믿고 있다. 하느님께서 '네 고향과 친척과 집을 떠나라' 라고 말씀하실 때 아브라함이 떠난 것은 그가 주도적으로 알아서 한 일이 아니라 하느님께서 부르셨고, 그렇게 함으로써 아브라함을 해방해 주신 것이다.

우리가 하느님께 뿌리를 내리지 않고 그분과 친교를 맺고 있지 않은 이상 우리 자신의 실재實在를 파악하지 못할 것이다. 우리는 문화의 산물인 종교와 이념 때문에 우리 위주로 만든 세상의 한계를 벗어날 수 없다. 우리의 성소를 깨닫기 위해서는 하느님의 부르심이 필요하며, 온갖 유혹으로부터 우리를 붙들고 있는 굴레(세계)에서 기꺼이 빠져나와야 한다고 믿는다.

하느님께서 아브라함에게 하신 약속은 모든 신앙인에게도 똑같이 유효하다. 환상적인 약속을 하시는 하느님의 부르심에 바로 응답하였는데 바로 거기에 신앙의 모든 것이 놓여 있다. 그가 들은 하느님의 말씀을 생각하면 그는 복 받을 사람이고, 그를 통해서 세상의 모든 사람이 복을 받게 되어 있으니 진정 그는 복된 사람인 것만은 틀림이 없다.

그러나 그가 그런 하느님 축복의 통로요, 믿음의 조상이 되고자 보여준 행동은 자신의 의지나 뜻이 아닌, 주님께서 이르신 대로 망설임 없이 움직이는 것이었음을 반드시 기억해야 한다.

　우리에게 주어지는 하느님의 말씀과 부르심에 우리는 어떻게 응답하고 있는가? 코로나19로 이완된 우리가 스스로 짊어진 멍에나 핑계를 뿌리치고 하루빨리 평상심을 되찾아 오로지 주님을 향한 삶의 지평을 확고히 다졌으면 좋겠다고 생각한다. (2023.5.23.)

11. 그리스도인은 언제나 기쁨으로 충만해야 한다

　예수님께서 전하신 소식은 무엇보다 사회적 약자들에게 해방과 구원을 알리는 복음 곧, '기쁜 소식'이었다. 따라서 복음을 전하는 이의 마음과 복음을 듣는 이의 마음은 언제나 기쁨으로 가득해야 한다.

　예수님께서는 "내 기쁨이 너희 안에 있고 또 너희 기쁨이 충만하게 하려는 것이다"(요한 15,1)라고 말씀하셨다. 이는 예수님께서 우리에게 간절히 전하고자 했던 보물은 바로 평화와 기쁨이었다. 또한 "내가 아버지의 계명을 지켜 그분의 사랑 안에 머무를 것이다"(요한 15,10) 라고 하신 말씀은 기쁨이었다.

예수님께서는 오늘도 여전히 우리에게 '무엇을 찾느냐' 하시며 다가오고 계신다. 우리는 무엇인가를 찾고 있으나 동물처럼 '땅의 것만', 즉 밑에 있는 것만을 찾지 말고 '위의 것', 곧 예수님께서 원하시는 것을 찾았으면 좋겠다. 그러기에 우리가 인간다운 삶을 살고자 한다면 하느님을 찾아야 한다.

복음서에 등장한 수많은 인물을 크게 나누면 세 가지 부류로 나눌 수 있다. 즉 하나는 구경꾼들이고, 둘은 적대자들이며 셋은 '따르는 자'들로 구분되어 진다. 이 따르는 자들을 제자라고 하는데, 그것도 그냥 따르는 것이 아니라 '하느님의 뜻을 실행하며 따르는 사람'을 제자로 한다.

그런데 이러한 분류는 누구한테는 조금 억울할 수도 있을 것이다. 왜냐하면 자신은 주님을 따른다고 했는데 구경꾼으로 분류될 수 있고, 적대자로 찍힐 수도 있을 것이기 때문이다. 또 나는 그분과 같은 고향 출신인데, 나는 친척뻘인데 하면서 구경꾼이나 적대자로 분류된 것을 억울하게 여겨질 수도 있을 것이다.

그러나 주님은 당신의 제자가 되는 기준을 이렇게 제시하고 계신다. 그것은 "나를 따르는 '손발'이 있느냐?는 것이고 나와 같이할 '가슴'이 있느냐?"는 것이다. 핏줄, 머리, 학벌, 점수는 따지지 않지만 '손과 발' '가슴'은 따지겠다고 분명히 말씀하셨다.

'하느님의 뜻을 실행해야 한다' 그리고 '자기 십자가를 지고 따라야' 한다는 조건은 분명히 말씀하셨기 때문이다.

우리가 그리스도인다운 삶을 살아가야 한다는 것은 주님의 진정한 제자가 되어 주님을 따라야 한다. 주님에 대한 믿음이 우리들의 삶의 방식이 전혀 달라지지 않는다면 헤로데와 우리가 다를 게 무엇이 있겠는가? 깊이 생각해야 한다.

예수님께서는 당신과의 이별(십자가 죽음과 승천)에서 오는 슬픔이 기쁨으로 바뀌는 것에 대한 설명을 구체적으로 해주고 계신다. 우리가 살면서 간혹 벅찬 기쁨의 순간에 서면 불안을 느끼기도 한다. 이 기쁨의 순간을 놓치고 마는 것이다. 기쁨의 절정에서 '이게 꿈인가? 생시인가?' 라는 질문을 하게 되고 그 기쁨이 현실임을 확인하면 감격에 잠기게 된다. 이런 기쁨을 빼앗기지 않고 간직하게 된다는 것을 주님께서 보장해 주실 것이다. (2023.12.26.)

12. 인간의 잣대로 하느님의 잣대를 재단해서는 안 된다

마태복음(2,1-16)에서 포도밭 주인은 하루 품삯으로 일꾼들과 한 데나리온으로 합의하고 일꾼들을 아침부터 포도밭으로 불렀고, 또 오전 9시, 12시, 오후 3시. 오후 5시에도 자기 포도밭으로 일꾼을 계속 데려와 포도밭 일을 하게 한 다음 모두 꼭 같은 임금을 지급했다.

이른 아침에 선택되어 일터로 간 행운의 일꾼들은 오후 5시가 되도록 아무도 자신을 일꾼으로 뽑아가지 않아 '내 자식을 어떻게 먹일꼬!' 하며 애간장을 태우던 이들의 심정을 헤아리지 못할 것이다.

이른 아침부터 일터에 초대받은 일꾼은 뙤약볕 아래서 일하되 한 데나리온의 품삯을 받은 것은 확실하다고 믿고 있었으나 후자들은 가진 것도, 체력도, 특출한 재주도 없어 뽑히지 못해 뙤약볕 아래서 온종일 불안과 두려움과 걱정에 싸여 희망이 없이 지내고 있는 사람들이다.

그러나 포도원 주인, 곧 하느님 아버지께서는 그 점을 너무도 잘 아셨기에 불의不義를 저지르지 않고 정의正義를 세우신다(마태 20,13). 막판에 와서 한 시간밖에 일하지 않은 일꾼도 이른 아침부터 온종일 일한 일꾼처럼 똑같은 임금을 지급해 준다.

그러니 아침부터 일한 일꾼들의 기분이 좋을 리가 없을 것이다. 일이 거의 끝날 즈음에야 일자리를 얻은 일꾼도 같은 품삯을 받았으니 세상의 이치로는 불합리한 일이 아닐 수 없다.

예수님께서 비유로 말씀하신 '포도원 주인'은 두말할 필요도 없이 하느님이시고 일꾼은 우리이며 품삯은 하느님의 넘치는 은총과 영원한 생명이다. 하느님께서는 당신의 포도밭인

교회에 수시로 사람을 부르신다.

그래서 어떤 이들은 이른 아침에 부르심을 받고 胎中(태중) 교우로 어려서부터 신앙생활을 하기도 하고, 어떤 이 들은 청.장년 시절에 진리를 깨닫고 하느님을 따르는가 하면, 또 어떤 이들은 인생의 황혼기에 접어들어야 하느님께 귀의하고 복음적 삶을 살다가 일생을 마치기도 한다.

마치 부모가 먼저 난 자식이나 늦게 난 자식이나 똑같이 사랑하듯이 하느님께서도 어렸을 때 세례받은 舊 교우나 新 교우 간에 차등을 두지 않고 똑같이 당신 자녀로서 사랑하시기에 구 교우라고 특혜가 있을 수 없고 신 교우라고 뒷전으로 양보할 필요도 없다.

舊 교우는 구 교우답게 신앙생활에 모범을 보여 꼴찌가 되지 않도록 노력해야 하며, 新 교우는 허송세월한 과거를 만회하는 뜻에서라도 더 큰 열성을 갖고 복음을 생활화함으로써 첫째가 되도록 최선을 다해야 한다.

결론적으로 말해 이른 아침부터 온 포도밭 일꾼들은 주인의 후한 처사를 시기함으로써 스스로 꼴찌가 된 것이 아닌가 싶다. 이것이 바로 하느님의 잣대와 인간의 잣대가 다르다는 것이다. 왜냐하면 믿음이 인간의 지혜가 아니라 하느님의 힘에 바탕을 두어야 하기 때문이다. (1 코린 2,5 참조) (2024.9.4.)

13. 우리 그리스도인은 '황금 귀'와 '황금 입'을 가져야 한다

바오로 사도는 자신에게 '직무가 맡겨진 것'(1 코린 9,17 참조)이기 때문에 복음을 전하지 않을 수 없고, 삯을 요구할 수도 없으며, 그것이 어찌할 수 없는 의무라고 말한다.

'직무'로 옮긴 단어는 공동 번역 성서에서도 '직무'로 되어 있고 200주년 신약성서에서는 '직책'으로 되어 있다. 그리스 말 단어는 '오이코노미아'인데, 서양의 여러 언어에서 '경제經濟'라는 단어의 근원이 되고, 신학에서는 자주 '경륜'으로 옮겨지기도 한다.

'직무'는 어원상으로는 집안을, 또는 집안의 일들을 관리하는 것을 뜻하고, 다른 사람의 재산을 맡아보는 일을 일컬어 자주 쓰이며 루카 복음(16,2-4)에서는 집사의 임무를 가리킨다. 하느님께 적용되었을 때는 하느님께서 인간의 구원을 위하여 온 세상을 다스리시고 안배하시는 것을 뜻한다.

바오로 사도가 복음 선포를 자신의 '직무'라고 하는 것은, 말하자면 그것이 집주인이신 하느님께서 그에게 몫으로 지우신 일이기 때문이다. 이는 바오로 사도가 자의적으로 하거나 스스로 사사로운 무슨 업적을 이루려고 하는 일이 아니라 집주인 아래 있는 집사로서, 주인의 계획에 따라 자신에게 전하여진 몫을 다한다는 뜻이다.

바오로 사도가 복음을 위하여 모든 일을 합니다.(1 코린 9,23 참조)라고 한 것은 "그리스인들 가운데 그리스인이 되었던" 바오로의 본보기를 따를 때, 그들은 단순하면서도 참된 진리 안에서 그리스도에 대한 신앙을 전하게 될 것이다.

우리는 예수그리스도 안에서 모두가 성인이다. 성인이란 그 글자를 풀이하면 '왕다운 귀와 입을 가진 사람'이라는 뜻이 된다. 고 한다. 어떤 말이 쓸모 있고 위엄이 있고 가치 있는 말일까? 또 지혜로운 생각과 말과 행위를 하는 사람은 어떤 사람일까? 사람의 눈에는 어리석어 보이고, 인간적인 면에서는 마냥 손해 보는 것 같지만 하느님의 지혜를 따라 사는 사람이야말로 멸망의 길이 아닌 참다운 생명의 길로 나가는 것이다.

신앙은 들음에서 오고 입으로 고백한 믿음을 몸소 실천해야 하기에 복음을 전하는 '황금의 입'을 가진 사람은 결국 주님의 말씀을 잘 듣는 '황금의 귀'도 동시에 지닌 사람일 것이다.

예수님께서 하느님의 나라를 선포하고 병자들을 고쳐주라고 제자들을 보내시면서 길을 떠날 때 아무것도 가지지 마라.(루카 9,3 참조)고 하신다. 이 말씀은 우리나라의 현실을 고려해 본다면 우리 신앙의 선조들이 1801년 신유박해를 비롯해 4대 박해와 1901년 제주 교난 등 잇단 수난으로 교회가 창설된 뒤 100여 년 동안 1만여 명이 순교하여 한국 천주교회의 씨앗을 심었다.

이러한 "무자비한 탄압에서도 신앙을 오롯이 지킨 선조들의 얼을 본받아 올곧게고, 복음 선포에 솔선수범해야 한다는 대명제"로 이해해야 할 것이다. 그러므로 우리 그리스도인은 쇠 귀에 경 읽는 우를 절대로 범해서는 안 된다. (2024.9.26.)

14. 주님이 지르시는 불에 '몸과 마음을 모두 불태우는 믿음'이 필요하다

예수님께서 "나는 세상에 불을 지르러 왔다"(루카 12,49)라고 말씀하신다. 불의 의미를 바람에 비유하여 한번 생각해 보면 좋을 듯하다. 바람은 그 형체가 없어 눈에 보이지 않지만 대단한 위력을 발휘하기도 한다. 나무가지를 뒤흔들고 나무를 통째로 쓰러뜨리는가 하면 일반 건축물을 무너뜨리고 엄청난 해일을 일으켜 막대한 피해를 유발한다.

이러한 바람처럼 불 역시 눈에 잡히는 실체가 없으면서도 놀라운 위력을 발휘한다. 불이 지나간 자리에는 모든 것이 타 버리고 변화된다. 음식물은 삶아지고 구워지면서 먹을 수 있게 되고, 어둠을 몰아내 사물을 뚜렷이 볼 수도 있게도 한다.

그러기에 눈에 보이지 않는 하느님을 어떻게 믿느냐고 반문하는 이들에게 바람의 비유를 들어 하느님의 존재를 설명하면

손쉽게 이해할 수 있을까? 즉 눈에 보이는 것이 눈에 보이지 않는 것의 힘에 의해 무너지고 부서지는 신비를 알려줄 수 있기 때문이다.

주님께서 말씀하시는 불은 결코 물리적인 불이 아니고 성령으로 인하여 마음 안에서 타오르는 진리와 사랑의 불을 의미한다. 바로 이러한 불을 질러 사람들의 마음 안에 도사리고 있는 온갖 미움과 불목, 이기심과 질투심, 부정과 오류를 태워버리고 정화 시키기 위하여 주님은 세상에 오신 것이다.

그뿐 아니라 세歲 말末에 있을 불의 심판이 이미 시작되었음을 선포하시기 위하여 주님께서 이 세상에 불을 지르러 오셨다고 말씀하신다. 주님께서 지르시는 불의 의미는 정화하고 낡은 것을 태우고, 온기를 주고, 생명을 양육하는 불의 이미지, 혹은 하느님의 쇄신 활동에 의탁하지 않는 모든 것을 파괴하는 심판과 관련된 불의 이미지에 머문 편이 낳을 것이다.

물리적인 불이 타오르기 위해서도 자신을 태우는 살신성인의 희생을 겪어야 하듯이, 주님께서 말씀하신 초자연적인 불도 필연적으로 시련과 고통을 겪어야만 타오르게 된다. "내가 받아야 할 세례가 있다. 이 일을 다 겪어낼 때까지는 내 마음이 얼마나 괴로울지 모른다"(루카 12,50 참조)고 말씀하신 것도 바로 이 때문이다. 주님은 당신과 당신을 따르는 사람들이 장차 당할 시련과 박해를 눈앞에 바라보시면서 초조한 나머지,

어서 빨리 지나가기를 바라는 마음으로 이런 말씀을 하셨다.

주님께서 부활하시기 전에 먼저 당신이 당해 내야 할 배척과 수난과 죽음을 예고하셨고, 당신을 따르는 제자들에게도 자기를 버리고 매일 십자가를 지고 따라야 한다고 강조하셨다.

따라서 주님을 따르는 사람들은, 주님께서 수난과 죽음을 겪고 나서 부활의 영광을 차지하는 것처럼 먼저 이 세상의 시련과 박해를 통해 자신부터 단련을 시켜야 한다는 것이다.

오순절 다락방에 오신 성령은 불처럼 임함으로써 제자들의 마음속에 있는 두려움을 사르고, 용기와 확신과 담력을 주셨다. 그렇게 연약하기만 한 제자들의 마음속에 삶을 통해서 그분의 역사를 이루어 가셨다. 그것은 엄청난 변화이다. 즉 달라진 가치관, 인생관, 인간관, 생사관은 이전에 보지 못했던 영적 세계를 보게 하고, 생각과 행동이 확연히 달라지게 한다. 기쁨의 이유와 생의 목적이 전과 같을 수가 없다.

우리에게 오신 성령님으로 인해 우리의 두려움과 염려, 불만과 원망, 시기, 미움이 사라지는가? 사랑과 확신과 소망과 능력이 믿음 안에서 성장하고 있는가? 보지 못하던 영적 세계를 보고 있는가? 그 신비로운 세계를 지금 우리가 살고 있다고 생각하고 있는가? 그리스도인 모두는 가슴에 손을 얹고 위 물음에 솔직하고 엄숙히 답해보는 시간을 갖도록 노력해야 한다. (2024.10.3.)

간직하고 싶은 추억들

R.O.T.C 후보생 훈련- 대학 4학년

6사단 506 GP장- 1970년 5월

무주 구천동 계곡

큰 손자 정훈 돌 기념-2007년 음력 5월 26일

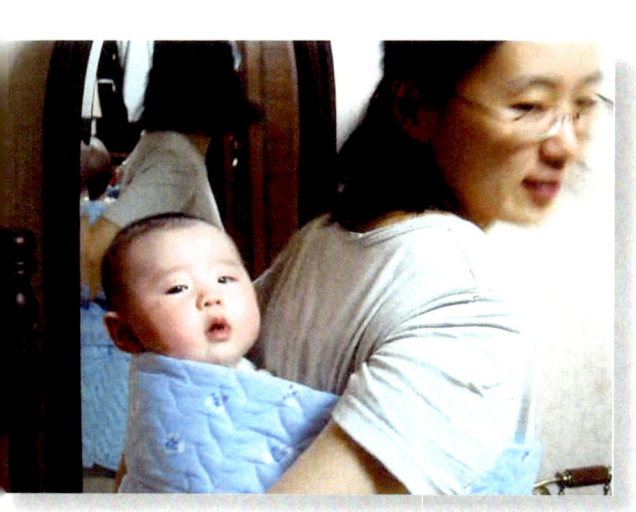
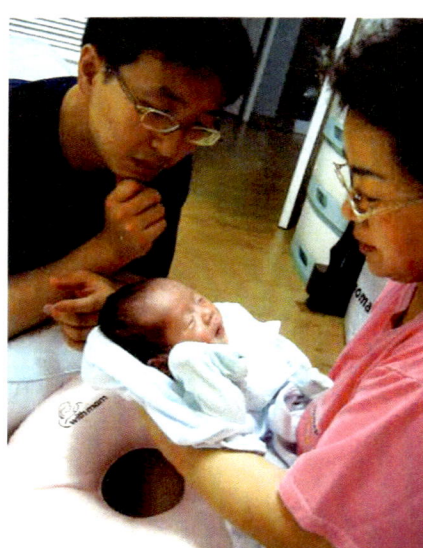
큰 손자 최정훈

정읍 내장산- 김영배 부부와 함께

노르췌이 베르겐- 2004년 7월

원광대 대학원 수료식날- 1983년 2월

러시아 궁전 앞- 2004년 7월

스페인 바르셀로나- 2005년 1월

효자동 집들이- 1992년 3월 2일

부안 내소사- 막내처남 칠순때

친정부모님 묘소- 원불교 영묘원

캐나다 밴프 국립공원 입구– 1995년 8월

캐나다 밴프 국립공원 보우폭포– 1995년 8월

성지순례– 시나이산 중턱 2010년 1월

추억모음 225

캐나다 벤프 카필나노 강- 1995년 8월

전주 가톨릭 신학원 졸업 - 2008년 1월

박종선 수필집

풀밭 위의 빗물처럼

인쇄 2025년 7월 05일
발행 2025년 7월 10일

지은이 박종선
발행인 서정환
펴낸곳 신아출판사
주 소 서울시 종로구 삼일대로 32길 36, 305호(익선동 운현신화타워)
전 화 (02) 3675-3885 (063) 275-4000·0484
팩 스 (063) 274-3131
이메일 sina321@hanmail.net
출판등록 제300-2013-133호
인쇄·제본 신아문예사

ISBN 979-11-94595-55-7 03810
값 13,000원

Printed in KOREA